KB011380

생각하는
즐거움

생각하는 즐거움

전창훈 지음

개정판을 내며

'엔지니어링'을 프랑스어로는 '제니Génie'라고 한다. 이 단어는 천재Genius라는 뜻도 있지만, 알라딘의 마술 램프 속 거인의 이름이기도 하다. (영어로는 '지니'라고 읽지만 같은 철자다.) 그러니까 엔지니어링이란, 인간의 능력을 뛰어넘는 일들을 뚝딱 해치워 버리는 능력을 의미하는 셈이다.

실제로 엔지니어링은 이집트의 피라미드와 로마의 수로를 가능하게 했고, 근래에 와서는 자동차와 비행기를 만들었으며, 이제 디지털 기술로 진화해 전 세계를 하나의 거미줄로 엮어 버렸다. 아마 미래의 엔지니어링은 인체의 상당 부분을 자동차 부품처럼 교환할 수 있게 해줄 것이다. 과학기술 덕분에 예전이면 기적이라 불렸을 일들을 우리는 이제 당연하게 여기며 살고 있다.

하지만 그런 기적이 곧바로 행복과 비례관계라고 주장하기는 어렵다. 그동안 제니는 자기 의견을 내기보다 정치와 경제의 하인 역할에 충실했으니까. 그래서 이제는 근력뿐만 아니라 '생각'도 가져야 하지 않겠냐고 제니에게 말해 주고 싶다.

사실 그동안 과학기술은 정책 결정에는 소외된 채, 경제 발전의 도구로만 활용되었다. 이제는 우리끼리도 소통을 늘리고, 사회 전체와도 긴밀히 소통해야 할 때다.

더 돈이 되는 도구를 개발할 뿐 아니라, 더 행복해지는 철학에도 눈을 돌리는 자각이 필요하다. 물건을 만든 사람이 사용 설명서를 만들듯, 제니가 만든 문명에 대해서도 제니가 의견을 말해야 한다. 과학기술도 인문학과 마찬가지로 사람이 주체이니까.

그래서 감성을 잃기 쉬운 이공계 전공자들이, 과학기술 속에서 철학과 낭만 그리고 정체성을 발견하는 데 이 책이 약간이나마 도움이 되길 바란다.

이 책은 '코센 웹진'에 몇 년 동안 매월 실었던 칼럼들을 다듬은 책을 낸 후, 재출판하면서 다시 내용을 보완한 것이다. 칼럼 쓸 기회를 주신 코센 관계자분들, 그리고 필자의 칼럼을 오랫동안 읽어 주신 전 세계 코센 회원님들에게 감사와 안부를 전한다. 또한 초판 지원을 해준 한국공학한림원에도 감사의 마음을 전한다.

도서출판 레드우드 이선애 지킴이의 수고도 잊을 수 없다. 소음 넘치는 세상에 아름다운 음악 같은 이야기를 들려주는 출판사가 되길 바란다.

차례

PART 1 생각의 점프는 어떻게 찾아오는가

PART 2
시대를 읽으면 갈 길이 보인다

차례

PART 3 과학으로 철학하기

PART 4 엔지니어의 영혼으로 사회를 읽다

차례

PART 5 생계형 인간에서 풍류형 인간으로

PART 1

생각의 점프는 어떻게 찾아오는가

생각의 점프를 막는 것들

매달 미국과 유럽을 반반씩 오가며 근무한 적이 있다. 가끔 타는 비행기는 기분을 들뜨게 하지만, 자주 타면 정말 고역이다. 필자는 몇 년간 비행기 부품 공장에서 일한 적도 있어 비행기 구조를 잘 아는 사람이다만, 비행 중 창밖으로 보이는 날개에서 압력을 맞추느라 흔들리는 부분을 발견하면 조립을 잘못한 건 아닌지 괜한 의심이 들어 불안해진다.

머리에 든 지식과 불과 50센티미터 아래 가슴에 담긴 믿음 간의 실제 거리는 아주 멀 때도 있다. 그러다가 우연히 날개 아래 저만치에 깔린 솜사탕 같은 구름을 본다. 이렇게 큰 '새'가 그토록 많은 사람과 짐을 싣고, 1만 킬로미터 이상을 한 번도 쉬지 않고 날아간다는 것이 언제나 신기하다.

인간은 자유롭게 날아다니는 새를 보면서 하늘을 나는 꿈을 키워 왔다.

인류 최고의 천재 중 한 명으로 꼽히는 레오나르도 다빈치는 인간도 새처럼 날 수 있다는 믿음으로 열심히 연구했지만 성공하지는 못했다. 인간도 새처럼 펄럭거리는 날갯짓을 자주 해야만 날 수 있을 것으로 생각했는데, 다빈치 시대에 빠르고 안정되게 날갯짓을 하는 기구를 만들기에는 무리였던 탓이다. 그러다가 수백 년이 지난 20세기 초, 라이트 형제의 '고정된 날개'가 드디어 인간을 날게 했다.

유심히 보면 아주 잘 나는 새들은 날갯짓을 자주 하지 않는다. 제비도 한 번 날갯짓을 하고 나서 한참을 날고, 창공에서 5.0의 시력으로 지상의 먹이를 살핀다는 독수리도 날갯짓보다는 글라이딩을 주로 한다. 긴 거리를 날지 않고 주로 나뭇가지에 앉아서 시간을 죽이는 참새나, 몸이 뚱뚱해서 공중 부양이 힘든 오리만 날갯짓을 많이 한다. 꿀을 빨아 먹는 동안 엄청나게 날갯짓을 해대는 벌새 같은 새도 있지만 속도가 빠른 새들은 대체로 날갯짓을 많이 하지 않는다.

인간은 새가 되고 싶은 욕망이 있었지만, 날갯짓에 너무 집착하는 바람에 비행의 본질을 일찍 파악하지 못했다. 새를 카피하되 꼭 그대로 하지 않았거나, 새의 날갯짓을 좀 더 자세히 보고 비행 거리와 몸무게 대비 날개 크기 등으로 나누어 '작은 새는 여러 번, 큰 새는 그에 비해 훨씬 적은 수의 날갯짓을 한다.'는 사실을 면밀히 관찰해 알았더라면 비행기의 발명은 훨씬 빨랐을 것이다. 아이러니하게도, 오히려 날갯짓을 자주 하려고 집착한 나머지 비행 방법을 늦게 터득한 것이다.

이처럼 우리가 받은 어떤 힌트는 출발을 도와주지만, 후에는 우리를 뛰어넘지 못하게 발을 거는 문턱이 될 때가 많다. 출발을 도와준 아이디어가 나중에는 강박관념이나 고정관념으로 작용하는 것이다. 사실 항상 애를 먹이는 것은 전혀 다른 것이 아니라 아주 비슷한 것들이다. 이런 고정관념들을 깨지 못해서 결국은 일정 수준까지만 가고 멈추어 버린 것들이 많다.

'여기까지는 반드시 이렇게 해야 돼!'라는 생각에는 문제가 없는 것일까? 앞에서 얻은 힌트는 버리고 다르게 할 수 있는 방법은 없을까? 그래서 연구하는 사람에게 중요한 것은 '왜'뿐만 아니라, '왜 안 돼?'라는 반골 기질이다. 그래야 새에게서 얻은 힌트가 더 이상 걸림돌이 되지 않는다.

비슷한 것, 어중간한 것이 생각의 점프를 방해하는 장벽으로 변했던 경험이 한 번쯤은 다 있었을 것이다. 여태까지는 이렇게 왔지만, 이제부터는 다시 백지 상태에서 생각해 보는 게 어떨까?

날개는 꼭 필요하지만, 날갯짓은 여러 번 안 해도 높이 날 수 있으니까.

날로 새로워지기

필자가 어릴 적에도 인기가 좋았던 초코파이나 연양갱, 새우깡 같은 과자가 아직도 명맥을 유지하고 있을 뿐 아니라, '스테디셀러'인 것이 놀랍다. 더 놀라운 건 해외 한인들이 모여 앉아서 추억을 나눌 때면 항상 등장하는 화제가 '무교동 낙지'와 '장충동 족발'이란다. 세상은 많이 변했다고 하는데 입맛은 여전한 것이 신기하다. 한 신문에 관련 기사가 실렸는데, 인간은 오랜 추억이 혀를 통해 뇌에 기억되기 때문에 익숙한 것들만 먹으려고 한단다. 그래서 식품 회사들은 신제품을 자주 출시하지 않고 오래된 메뉴만 우려먹는다. 라면이 옛날과 크게 다르지 않은 이유다.

개화 이래 서양 문물이 들어와 거의 모든 것이 바뀌었다. 기와 한옥은 아파트로, 서당은 학교로 대체되었다. 경제활동도 농사에서 제조업이나 서비스업으로 바뀌었고, 지식인의 상징이던 한자는 영어로 교체되었다. 그래서 국한문 혼용체이던 신문은 어려운 용어를 한자 대신 영어로 소개하고 있다. 정말 100년 만에 거의 모든 것이 바뀌었지만 단 한 가지 우리 문화를 확실히 지키고 있는 것은 음식이다. 미국식 스테이크 하우스와 프랑스 요리 그리고 중식 뷔페와 일식집이 난무하지만, 밥과 김치 그리고 된장찌개의 자리는 여전하다. 음식은 영양만이 아니라 강한 플라세보 효과를 가진 약품이기도 하며, 삶을 예배하는 '성체'다. 그래서 '당신이 무엇을 먹느냐가 당신이 누구인지를 말해 준다.'는 경구까지 있다. 그동안의 어지러운 변화에서도 우리 민족은 음식문화만은 지켜 냈다.

우리 삶은 새로움을 만나는 연속의 시간이었다. 초중고 시절에는 학년이 바뀔 때마다 새로운 담임 선생님과 급우들을 만나며 설렘과 동시에 두려움을 느꼈다. 그런데 이제는 기계와의 만남이 추가되었다. 업무와 연구 거의 전부가 '컴퓨터 작업'이라고 정의해도 무방한 시대다. 기계들은 점점 메뉴가 늘어나 복잡하기 그지없다. 필자는 휴대전화도 사용하는 모델을 바꾸기만 하면 전화번호를 옮기고 애플리케이션을 까는 등 세팅하느라 쩔쩔맨다. 젊은이들은 무슨 비결이 있는 줄 알았더니, 그냥 두려움 없이 여기저기를 눌러 보는 '시행착오법'이라는 신공을 사용한다는 것을 알았다. 모범생처럼 책대로 따르기보다 계속 이것저것 찔러 보는 것이다.

저녁 식탁에 돌아와 앉기 이전의 모든 시간들은 늘 새로움을 접해야 하는 긴장 속 시간이다. 새로움을 두려워하면 퇴물이라는 오명을 덮어쓸 것이다. 그래서 새로움을 적극적으로 받아들일 수밖에 선택의 여지가 없다.

'그냥 이렇게 살다 죽게 내버려 둬!'라고 고집부리지 말고 '새로움에 대한 호기심이 없다면 살아도 죽은 것 아닌가?'라며 한 발 앞으로 내딛어 보자.

돌이켜 보면, 익숙한 사람들과의 관계로만 한정하고 타성에 젖은 관행만이 지고의 가치인 줄 알 때 정치는 타락했었다. 지성은 미발견의 세계에 대한 호기심으로 커간다. 새로움이 곧 선善이라고 단정할 수는 없지만, 새로움은 선에 대한 성찰을 준다. 늘어나는 수명 덕에 우리는 이제 더 많은 변화를 더 오래도록 겪어야 하는 운명에 놓여 있다. 피할 수 없으니 받아들이고 즐기는 수밖에 없다. 남은 인생을 과거에 대한 추억으로 보낼 것이 아니라 아직도 가야 할 길과 두드려야 할 문이 많다는 생각으로 늘어나는 수명을 의미 있게 향유하자.

인공지능이니 로봇이니 드론 같은 신기술이 많이 걱정스럽긴 하다. 제4차 산업혁명이라고 떠들지만, 잘못되면 이 문명을 전부 말아먹고, 제5차 산업혁명은 호미와 곡괭이로 다시 출발해야 할지도 모른다. 그래서 오히려 새로움을 배격하기보다는 적극적으로 받아들여 옥석을 가릴 필요가 있다. 위험을 피할 수 없으니 맞닥뜨려 위험을 길들여야 한다. 야생 견을 반려견으로 만들듯이 말이다. 옛날 중국 은나라 왕조 때 탕왕의 구호라는 '구일신 일일신 우일신(苟日新 日日新 又日新, 진실로 날마다 새로워지면 나날이 새로워지고 또 날로 새로워진다)'이 아직도 유효한 진리인 것을 보면, '새로워지기'는 시대를 초월한 인간의 운명인 모양이다. 시대가 바뀌어서 어지럽기보다는 더 재미있어지자.

토리첼리와 실험 정신

과학은 실험으로 입증되어야 한다. 요즘은 지천에 널린 컴퓨터로 화려한 색깔을 입힌 무수한 데이터들이 쏟아지지만, 자신이 충분히 이해하지 못하고 장황하게 데이터만 늘어놓는 경우가 흔하다. 필자는 직업으로 하는 일이 시뮬레이션이라 몇 십 년째 컴퓨터로 계산을 하고 있다. 사람들은 시뮬레이션 결과에만 집중하는데 입력 조건을 아주 조금만 비틀어도 결과는 전혀 달라지는 경우가 흔하다. 실제 상황을 이해하기 위해 시뮬레이션을 참고하는 것인데, 신의 계시인 양 액면 그대로 무작정 믿으려는 사람들도 많다. 시뮬레이션은 실험 방향을 정하기 위한 예비 작업에 불과하다. 변수 중 어느 것이 더 예민한지 이해하고 집중할 수 있게 해준다. 정성적인 분석만으로도 가치가 있지만, 정량적인 값이 나오면 오차와 조건을 다시

한 번 따져 보고 확률적 판단을 해야 한다. 그런데 바쁜 세상이다 보니 이런 과정들은 생략되고 무조건 앞으로만 가라고 한다. 내가 수행한 시뮬레이션 결과가 틀리면, 비록 그들이 공급한 입력 데이터가 잘못된 탓이라고 해도 책임을 일정 부분 공유해야 한다. 내가 잘 검토하지 못했고 설득하지 못한 탓이니까.

직업병 넋두리는 이 정도로 하고 본론으로 향하자. 연구 현장에서 그리고 대학에서 실험이 줄어드는 것은 정말 아쉬운 일이다. '과학은 생각이다!'와 쌍벽을 이루어야 할 모토가 '과학은 실험이다!'란 구호다. 그래서 과학 정신은 곧 실험 정신이다. 합리론이 생각이라면 경험론은 실험인데, 이 둘의 변증법적 통일이 과학을 만들었다.

그러면 여러분은 역사상 어떤 실험이 가장 훌륭한 실험이라고 생각하는가? 갈릴레이의 낙하 실험은 실제로 없었다고 하니 제외한다면, 필자는 3가지 실험을 꼽고 싶다. 1800년 나폴레옹 앞에서 행했다는 볼타의 전지 실험은 인류가 태양 이외의 다른 빛을 누릴 수 있음을 보여 주었다. 1851년 푸코가 파리의 판테온에서 진자 하나로 지구 자전을 증명한 실험도 위대하다. 씨름판 같은 모래 위에 진자가 계속 돌면서 선을 긋는 광경은 장관이었을 것이다. 이 실험에서 푸코는 진자의 주기 32시간으로 파리가 북위 48.5도에 위치한다는 것을 설명했다. 그런데 필자는 그보다 훨씬 이전에 토리첼리가 한 진공 실험이 조금 더 마음이 끌린다.

토리첼리는 갈릴레이의 제자였다. 진공 실험은 스승이 돌아가신 지 얼마 후인 1643년에 있었다고 하니 푸코보다 200년 이상 이전이다. 당시에 토리첼리는 펌프질로 물을 10m 이상 길어 올릴 수 없다는 것을 이미 알았다고 한다. 그 이유가 대기압 때문이라는 것을 간파하고 있었던 것이다. 펌프로 연결된 관 속의 공기를 뽑아내면 바깥의 대기압이 관 속의 물을 위로 밀어 올리는 원리가 펌프다. 절묘한 것은 10m의 관은 너무 길어서 실험에 사용할 수 없으니, 비중이 13배나 높은 수은을 사용하여 높이를 획기적으로 줄인 점이다. 길이 1m의 가느다란 유리관을 수은에 담갔다가 수직으로 세우니 유리관 속의 수은이 서서히 내려가다가 멈춘다. 토리첼리는 수은 760mm 높이가 바로 물 10m에 해당된다고 설명했을 것이다. 그런데 당시 어디서 그렇게 많은 수은을 모았을까? 그는 40세를 못 채우고 타계했는데, 수은 중독이 죽음의 원인이 아닌지 추측해 본다.

토리첼리의 실험 후에 진공 논쟁이 많았다고 한다. 수은 기둥 위 유리관 내부 40mm 부분은 진공이라는 토리첼리의 설명에 맞서 논쟁이 일어난 것이다. 지구상 어디에도 완벽한 진공은 존재하지 않는다는 주장이 설득력을 얻고 있을 때였으니, 완벽한 진공이 너무 쉽게 만들어진 것을 믿을 수 없었을 것이다. 토리첼리의 실험은 너무 간단하고도 완벽하다. 실험 장비 크기도 적당해서 오해나 오차가 끼어들 틈이 없고 이해도 쉽다. 인체만 하거나 조금 더 작은 정도의 실험 장치가 적당하다. 책상 주변에 모여서 설명을 듣기 좋을 만큼 아담하니까.

토리첼리에 비교해 보면 요즘 우리가 하는 일은 너무 복잡하다. 혹시 핵심을 잘 몰라서 그런 것은 아닐까? 적극적으로 알리기보다 면피용이다 보니 간단하게 구성하기가 두려운 것은 아닐까? 아니면 욕심스럽게 너무 많이 보여 주려 한 것일까? 토리첼리가 살던 시대와 비교하면 현대과학이 너무 복잡해진 것이 원인일 것이다. 하지만 복잡함이 요구될수록, 거품을 걷어 내고 핵심이 분명한 실험 정신을 다시 생각해 봐야 한다. 느껴지는 과학, 만져지는 과학, 그래서 더 재미있고 분명한 과학을 위해서 말이다.

창의성은 지겨움과 두려움을 극복하는 과정이다

세상을 살면서 뭐가 제일 무서운가?

우선, 병에 걸려 고생하는 것이 두렵다. 어둠처럼 암이 몸속에 웅크리고 있다가 언제 갑자기 나타날지 몰라 다들 두려워한다. 사업하다가 망해 본 사람들에게는 빚쟁이가 제일 두렵다. 감당할 수준을 넘어선 빚은 정말 무겁고도 무서운 짐이다. 한의사로 잘나가던 친구가 보증 한 번 잘못 섰다가 하루아침에 파산했다는 이야기를 전해 듣고 분노한 적이 있다. 야만적인 보증제도 때문에 얼마나 많은 가정이 망가졌는가. 재수생들에게는 입시가 무섭다. 1년을 기다렸다가 딱 하루 만에 치르는 시험을 망치는 날에는 또 기약 없는 한 해를 보내야 하니까. 재수했던 친구가 수십 년 전에 했던 말이 아직도 기억에 남아 있다. "어디에도 속하지 못했으니, 나는 버려진 인간이다."

하지만 뭐니 뭐니 해도, 인간에게 최고로 무서운 것은 죽음이다. 그러나 죽음을 경험해 본 사람은 아무도 없다. 수학으로 말하면 죽음은 무한대와 동일한 개념이다. 분명 존재하지만 실제로 다가갈 수 없으니 말이다. 인간 삶에서 출생은 참 불평등하지만 죽음만큼은 대체로 평등하다.

삶을 초월한 문제이니 죽음은 논외로 하고, 요즈음 가장 두려운 것은 돈 없이 늙어서 병드는 일이 아닐까 한다. 노년을 잘 관리하지 못하면 장수가 저주로 돌변하는 상황이다. 국민연금은 부실한데 자녀들이 아직 대학에 다니고 있는 50대부터 은퇴를 강요받는 사회에서는, 나이 먹는 것이 마치 시한폭탄을 안고 째깍거리는 시곗바늘 소리의 환청을 들으며 사는 기분일 것이다.

이런 다소 극단적인 상황 말고, 아무 일 없는 평범한 일상에서 가장 힘든 일은 무엇일까? 내 경험에 의하면 늘 반복되는 일상의 지루함, 그리고 딱히 원인이 없는 공연한 두려움이다.

우선 지루함부터 이야기해 보자. 뭔가 큰일이 끝나고 나면 한동안 평화로우면서도 지겨운 일상이 흐른다. 어렵게 공부해서 원하는 대학에 들어간 후 대학 생활에 적응하려고 행사에 부지런히 쫓아다니는 시절이 지나면 차츰 지루해진다. 처음 직장을 잡은 후에도 잔뜩 긴장해 있다가 업무를 어느 정도 이해하고 이곳에서 서바이벌이 가능하다는 확신이 들고 나면 반복 업무 때문에 지루해진다. 결혼도 마찬가지다. 2년 정도 지나면 결혼하기 전에 상대방에게 느꼈던 매력들이 단점으로 부각되기 시작한다. 남편이 하는 모든 농담은 썰렁하고, 아내가 부리는 애교는 죄다 징그럽다. 수십 년간 노력해도 경제적 상황이 나아지지 않아서 늘 궁상맞게 살아야 하는 것도 정말 미치도록 지겹다. 지루하게 살면 노화가 가속되고 표정도 건조해진다. 젊다면 다른 로맨스라도 꿈꿔 보겠지만 늙어서 돈도 없는 처지라면 누가 거들떠나 볼까?

나이가 들수록 이런 지루함을 이기는 것이 중요해진다. 그런데 참 신기하게도 보는 시선과 생각하는 방향을 조금만 바꾸면 많은 것이 달라진다. 그 비법은 '디테일에 관심을 갖는 것'이다. 디자인이든, 업무 보고서든, 육아나 가정 일이든 모든 일에서 좀 더 디테일한 부분에 집중하면 작은 차이에 많은 다름이 존재함을 발견하게 된다.

지금 하는 업무는 오래 해와서 잘 안다고 생각하나? 다른 사람들은 인정해 주지 않는데 본인만 그렇게 생각하는 것은 아닌지 따져 보라. 자신이 낳아 키운 아이들이어서 자녀들을 잘 안다고? 그들의 세세한 고민도 모두 아는가? 어느 대학에 지원할 수 있는지 정도는 관심이 있겠지만, 아이들의 숨은 취향과 고민까지는 아마 모를 것이다. 자녀와 한 사소한 약속을 자주 잊어버린다면, 십중팔구 아이들을 잘 아는 것이 아니다.

이렇게 좀 더 디테일하게, 깊게 들어가 보라. 사람 관계든 과학 연구든 간에 말이다. 그러면 훨씬 덜 지루해진다. 새로운 사람, 새로운 업무를 대하는 기분이 들어 재미있어진다. 지루함은 우울증의 전 단계이고 영혼을 녹슬게 한다. 지루함을 이긴 사람들은 심지어 감옥 생활도 생산적으로 해낸다. 실제로 감옥 생활을 생산적인 삶으로 바꾼 많은 위인들이 존재한다.

남이 나를 재미있게 해주는 것이 아니라 내가 내 삶을 재미있고 호기심 넘치게 만들어야 한다.

이제 막연한 두려움에 대해 이야기해 보자. 이 분야는 필자가 정말 전문가다. 전세금 빼서 비행기표 사들고 프랑스 유학을 강행했으니까. 20대에 미혼으로 유학 생활을 시작했다면 마음이 훨씬 가벼웠을 것이다. 성공하면 꽃길이요, 실패해도 외국어 하나는 남을 테니까. 미혼으로 유학 나온 사람들은 외로움으로 힘들었을 텐데, 남의 인생은 쉬울 거라고 단정하는 속좁음을 양해해 주길 바란다.

하지만 늦은 나이에 식구들을 데리고 시작한 유학 생활은 거의 자살골 수준이었다. 이런 무리한 결정을 한 이유 중 하나는 당시 사회 상황이다. 필자는 운동권은 아니었고, 굳이 분류하자면 마음만 운동권이고 행동은 기회주의자였다고 할까? 좌우간 필자가 다니던 대학에서 촉발되었으니 무사히 대학을 졸업할 수 있을지 걱정되는 상황이었다. 대학 운동장이 공수부대 연병장으로 변했던 장기 휴학 기간을 거쳐 졸업 후 취직했고 몇 년 돈을 모아 사직한 후 다시 공부하여 카이스트 석사과정을 마쳤다.

정치는 약간 안정을 찾았지만, 저녁이 실종된 직장문화는 앞이 보이지 않았다. 출근은 정해져 있지만 퇴근은 기약이 없고 가끔 정시 퇴근을 하려면 마치 조퇴하듯 이유가 필요했다. 그렇다고 하는 일이 의미 있는 것도 아니었다. 월급은 괜찮았는데도 빚 얻어 전세로 출발했더니, 보너스는 인상되는 전세금에 다 들어갔다.

그래서 현실을 도피 또는 극복해 보려고 무작정 준비 없이 유학을 갔으니 그 불안함이란 이루 말할 수 없었다. 프랑스에서 몇 년 지나 살 만하게 되었을 때에는, 미국으로 가게 되어 또다시 새로운 환경에 적응해야 했다. 프랑스에서 학위를 마치자마자 미국 아이비리그 대학의 정식 연구원이 되었다고 우쭐했지만, 자세히 들여다보면 또 새로운 환경에 맞닥뜨려 엄청나게 스트레스를 받으며 보냈던 날들이었다.

언어도, 분위기에도 익숙해져서 이제 겨우 살 만해진 나라를 떠나, 아이들을 데리고 다시 다른 나라에 정착하려니 진이 빠졌다. 겉으로 보면 특별하게 힘든 일은 없었다. 하지만 아는 것이 거의 없는 상태에서 결정해야 하는 크고 작은 일들이 힘들었다. 특히 비자 문제는 정말 사람을 미치게 한다. 살다 보니 영국에서 공부하는 아들의 비자 문제로 영국 국회의원에게까지 편지 쓸 일도 생겼다. 덕분에 외국 관공서로 편지 보내는 일에는 이력이 났다.

경험해 보지 않은 사람들은 외국에 살면서 느끼는 막연한 불안감을 제대로 상상하기 어려울 것이다. 익숙하지 않은 법과 언어로 기득권이 전혀 없이 대응하다 보면, 당연히 기본권마저 제한된다. 그래서 행동하기 전에 자기 검열부터 하는 습관이 생긴다.

다행히도 불안했던 세월은 갔고, 지금은 사는 곳이 고향이라고 생각하는 여유가 생겼다. 필자가 현지 문화와 언어에 익숙해진 덕분이기도 하지만, 이제는 아이들이 주류에 접근한 덕이 크다. 그래서 우리는 자식들을 통해 삶을 이어 가며 부활을 재현하는 것이라는, 사이비 종교 교주나 할 만한 이야기를 주위 사람들에게 자주 한다.

불안감에 대해 몇 가지 더 이야기하고 싶다. 잘 모르는 사실에 대해 비관적인 관점으로 소설을 쓰면 더 불안해진다. 팩트를 정확히 알면 상황이 좋지 않아도 그에 맞게 대처하게 된다. 예를 들어, 암이 의심되는 비슷한 징후가 있어 검사를 받고 왔을 때 결과가 나오기 전까지 인터넷을 찾아보며 최악의 시나리오들을 써보게 된다. 그러다가 막상 결과를 정확히 알고 나면 처음 한동안은 '왜 하필 나에게 이런 일이?'라는 반항심이 생기지만, 곧 최선이 무엇인지를 판단하고 마음을 정한다. 그래서 불안한 일이 있을 때는 정확한 팩트를 여러 각도에서 확인하고 정리해 두는 것이 불안감의 증폭을 막아 준다.

조심할 점은, 불안에 대한 과잉 대응이다. 불안감이 있다는 것은 어떤 일이 이미 망가졌다는 것이 아니고 망가질 수도 있다는 추측이다. 혹시 직장에서 조직이 뭔가 이상하게 돌아간다는 분위기를 감지한 후 싫어하는 상사와 약간의 다툼이 있을 때 상사의 말을 너무 확대 해석해서 과잉 반응한다든지, 별거 아닌 동료의 코멘트에 지나치게 흥분해서 퍼부어 댄 기억이 한 번쯤 있을 것이다. 시간이 지나면 다 후회되는 일이다.

좋지 않은 상황을 맞았으면, 일단 한 발 물러서서 잠시 기다리며 지금 여건에서 할 수 있는 일에 최대한 집중하는 것이 좋다. 일상에서 생기는 여러 가지에 심각하게 일희일비하면 결국 목적지에 늦게 도착하게 된다. 그래서 예민하게 주위 상황을 파악하는 것도 능력이지만 때로는 둔감한 것도 정말 필요하다. 세월호 사고에서 많이 이야기되었던 선박의 복원력이나, 링 위에서 싸우는 복서의 맷집은 다 비슷한 개념이다. 방향을 바꾸어야 하는 배가 약간 기울어지지 않을 수 없고, 링 위에서 싸우는 복서가 한 대도 안 맞고 이길 수는 없다. 아무리 화려하게 꾸며진 배라도 복원력이 약하여 조금만 기울어지도 전복된다면 항해가 불가하고, 정말 펀치가 강하고 스피드가 빠른 복서라도 맷집이 약하면 권투를 그만둬야 한다. 인생을 완벽하게 드라이브하는 일은 근본적으로 불가하다.

그래서 두려움이라는 상대가 몰아치는 펀치에 얼마나 잘 견디느냐, 그리고 마침내 때가 왔을 때 어떻게 정확하게 반격의 펀치를 날리느냐가 중요하다. 자기 방식대로 충실하게 살면서 바깥에서 오는 노이즈에는 조금 둔감해진다면, 복원력이 뛰어난 '멘탈갑'이 될 수 있을 것이다.

긍정적 사고보다 '희망하는 능력'

필자는 물리학 관련 일을 하다 보니 의학 기사의 많은 부분은 '소설'로 여기는 경향이 있었다. 동일 조건인데 환자 체질에 따라 결과가 다른 경우가 많기 때문이다. 현재까지의 의학은 인과관계 규명이 엄밀하지 못하다. 커피가 몸에 해롭다고 했다가 이롭다고 뒤집는 결론을 또다시 여러 번 뒤집어 왔다. 일반 의학도 이렇게 복잡한데, 뇌에 관한 연구는 그야말로 공상과학소설이라고 일축해 버렸다.

그러나 최근 시작된 MRI를 이용한 뇌 연구에는 약간씩 관심이 생겼다. 때마침 시사주간지 「타임TIME」에 실린 뇌 연구 관련 기사를 접하게 되었는데, 우리가 흔히 봐왔던 부위별 뇌의 작용에 관한 내용이었다. 기억력 부위, 수리력 부위, 언어 능력 부위 같은 뇌의 영역별 구분 말이다.

그런데 기사에서 뇌의 가장 아랫부분을 'The Power of Hope'라는 기능이 있다고 설명해 두었다. 뇌의 이 부분은 '희망하는 능력'을 담당한다는 뜻이나. 필자는 이 말을 보자마자 뭔가에 얻어맞은 느낌이었다. 우리는 오랫동안 IQ라는 지적 능력만 뇌의 능력으로 인정해 왔다. 몇 년 전부터 겨우 EQ라는 감성지수도 중요하다는 인식에 눈을 살짝 떴을 뿐이지, 의지력에 해당하는 희망하는 능력을 뇌의 기능과 연결시켜 생각해 본 적은 없었던 듯하다.

판도라의 상자에 유일하게 남았다는 '희망'. 하지만 그것은 모든 사람들에게 골고루 나누어진 것은 아니다. 희망하는 능력은, 우리가 많이 들어본 '긍정적 사고'와는 상당히 다르다. 긍정적 사고가 지나치면 현실 문제의 모순을 해결해 보려는 노력을 무력화시키는 역기능이 생긴다. '좋은 게 좋은 것'이라는 처세론을 듣기 좋게 살짝 바꾼 것이 긍정적 사고다. 그래서 썩은 곳을 도려내야 하는 사안인데도 긍정적 사고를 대입하려는 사람들을 '공공의 적'으로 간주하고 싶어진다. 개선해야 할 부정적 요소들까지 억지로 긍정적으로 보려는 것은 직무유기니까.

하지만 희망하는 능력은 다르다. 이 말에는 현재의 절망과 불합리를 인정함과 동시에, 이를 극복하려는 의지가 포함되어 있기 때문이다. 오늘은 비록 절망적일지라도 더 나은 내일을 위해 포기하지 않고 노력해야 한다는 패기도 충일하다.

절정의 인기를 누렸음에도 극단적인 선택을 한 유명 배우 몇몇을 기억하고 있다. 그들의 자살 소식에 '나 같은 사람도 사는데, 그만한 일로 목숨을 끊다니….'라고 생각한 사람들이 많았을 것이다. 우울증이야말로 정말 죽음에 이르는 병이다. 자신이 저지른 실수의 여파가 잦아들지 않을 것이라는 생각을 지울 수 없다면 얼마나 우울해지겠는가? 하지만 '역경은 곧 지나가고, 열심히 살다 보면 좋은 날이 오겠지….'라고 마음먹으면 살아갈 용기가 생길 것이다. 지금 하는 일이 죽을 만큼 힘들고 언제까지 이렇게 살아야 할지 앞이 안 보이겠지만 참고 견디면 기필코 더 좋은 날이 올 것이다. 희망하는 능력을 포기하지 않으면 말이다.

이쯤 하면 이제 희망하는 능력도 엄청 중요한 '지능'이라는 생각이 들 것이다. 나의 '희망 능력 지수'는 얼마쯤 될까? 그리고 나에게 이 능력을 향상시킬 의지는 얼마나 있을까? 자라지 않는 나무가 없는 것처럼, 커지지 않는 능력도 없다. 우리의 희망 지수를 키워 나가자. 희망하는 자에게만, 그 희망이 현실이 될 수 있을 테니까.

하루에 인터넷을 얼마나 사용하는가?

숨 쉬듯이 사용하는 스마트폰 메신저는 업무용이나 꼭 필요해서 쓴 걸 빼고 계산하더라도 최소한 2시간은 될 것이다. 스마트폰을 그렇게 오래 안 잡고 있다는 사람은 작은 화면이 답답해서 아예 컴퓨터 앞에 앉아서 유튜브를 보는 걸 수도 있겠다. 제대로 계산해 보지 않아서 모를 뿐이지, 스마트폰에 컴퓨터를 더하면 인터넷을 하는 시간이 심한 경우 하루에 4시간이 넘을 가능성이 크다. 솔직히 이야기하면 4시간도 넘는데, 필자가 '심한 경우' 4시간이라고 해서 좀 뜨끔했을 사람도 있겠다. 여기에 게임까지 포함한다면 그 이상이 된다.

필자의 이야기부터 해보겠다. 외국에 거주하지만 한국에서 책을 내기 때문에, 한국 사정에 어두워서는 안 된다는 이유로 인터넷 신문을 자주 보고 댓글도 제법 달았다. 하지만 한국 드라마는 끊었다. 드라마를 마지막으로 본 기억이 '야인시대'인지 '허준'인지 확실하지 않다.

그래도 '대장금'은 꼭 봐야 한다는 사람들이 많았지만 안 봤다. 재미없을 것 같아서가 아니라 푹 빠질 것 같아서. 필자가 말한 드라마들은 워낙 방영한 지 오래되어 소위 '석기시대' 드라마들이라고 할 수 있을 것이다. 딴에는 오락 위주의 드라마에는 안 빠지고, 좀 더 생산적인(?) 뉴스나 시사 정보만 열심히 봤다는 누추하기 짝이 없는 변명이다.

그런데 최근 들어 갑자기 속고 살아왔다는 생각이 들었다. 그렇게 열심히 인터넷을 뒤져 알게 된 정보들이 인생에 도움이 되었거나 삶을 놀랍게 변화시킨 적이 거의 없는 게 아닌가? 돌아보니 그동안 별 가치 없는 일에 허비한 시간이 무척 아까웠다. 필자는 외국어 공부를 좋아해서 일본어, 스페인어, 독일어 공부를 조금씩 한다. 불어, 영어 잡지들도 제법 읽고. 그렇게 잔뜩 벌여 놓은 공부는 많지만 생각보다 진도가 느렸는데, 그 이유가 인터넷을 뒤적거리느라 어학 공부에 투자할 시간이 없었기 때문이라는 것을 깨달았다.

공짜라고 좋아서 달려들었던 스마트폰 속의 오락들, 인터넷 신문이나 포털 사이트는 이용자들의 방문과 댓글로 자기들만 돈을 벌고 영향력을 넓혔을 뿐이다. 최근에는 인터넷 뉴스들이 점점 진화하여 제목을 아주 선정적으로 뽑아 사람들을 낚아 올리고 있다. SNS의 핵심인 페이스북은 지금 미국에서 이혼 소송의 증거물로 대거 채택되고 있다. 스마트폰 세대는 식당에서 친구들과 주문한 음식을 기다리면서도 대화 없이 따로따로 화면

위에다 손가락질을 해대고 있다.

유럽에 관광 온 아시아인들은 거리를 즐기는 것보다 사진 찍는 게 더 중요한 모양이다. 나중에 사진 속 배경이 어딘지나 제대로 기억날지 궁금하다. 필자도 한국의 동창 모임 사이트에 사진을 몇 장 올리려고 프랑스의 야시장에 나갔다가 이내 사진 찍기를 그만두었다. 시장에서 만나는 상인들과 흥정도 하며 분위기를 즐겨야 하는데, 사진에 신경 쓰다 보니 전혀 그런 기분이 나지 않았기 때문이다. 시장은 구경보다 '체험'할 때 더 즐거운 법인데, 그 속에 들어가질 않으니 맹숭맹숭할 수밖에.

얼마 전 한국을 방문했을 때의 기억이 떠오른다. 길을 물어보려고 거리를 둘러봐도 말 붙일 사람이 없었다. 귀에 이어폰을 꽂고 있거나 걸어가며 통화를 하고 있어서 불러 세우기 뭣했다. 화장실 변기에 앉아서도 스마트폰을 들여다보는 사람이 많지 않을까? 큼지막한 신문을 뒤척이는 것보다 손가락 하나로 넘기는 스마트폰이 훨씬 편할 테니 말이다. 이 경우 병명은 스마트폰 중독성 변비가 되려나 모르겠다.

필자도 근무 시간 중간에 골치 아픈 일을 끝낸 직후라면 인터넷을 자주 본다. 그런데 인터넷을 보는 순간, 시간은 너무 빨리 흘렀고 일은 점점 밀리는 현상이 나타났다. 일을 찾아서 하지 않고 눈앞에 와야 하니 밀릴 수밖에 없다. 그래서 급기야는 인터넷 금식을 시작해, 업무 이외의 접속 시간이 일주일간 한 시간 이하가 될 정도로 상당한 성과를 거둔 적이 있다. 금단 현상을 이겨 낼 수 있을지 걱정이 많았지만, 심란하고 자극적인 기사들을 안 보니 오히려 정신이 맑아지는 기분이었다. 그 후로 다시 서서히 늘어나는 접속 시간을 통제하려고 애쓰고 있다. 중간중간 큰 사건이나 월드컵 같은 행사들이 찾아오는 날에는 쉽게 무장해제되기도 하지만.

이제 일상의 승부는 누가 스마트폰을 '덜' 만지느냐로 귀결되지 않을까? 말도 안 되는 이야기라 생각할 수도 있겠다. 그러나 학생들을 대입해 보면 쉽다. 동일한 능력이라면, 누가 인터넷에 덜 접속하고 그 남은 시간에 더 공부하느냐로 성적이 좌우될 것이다. 어른들은 당장 시험이 없으니 못 느낄 뿐이지만, 업무 품질이나 전문적 식견을 높이려면 학생들과 다를 것이 전혀 없다.

인터넷을 너무 소홀히 하다가 중요한 정보를 놓치면 어떻게 하냐고? 요즘 정보가 많아서 탈이지 몰라서 문제인가? 인터넷 정보가 그렇게 중요하다면, 컴퓨터를 끌어안고 살다시피 하는 개미군단들이 주식으로 돈을 잃을 이유가 없다.

알 만한 사람들 간에만 공유되는 따끈따끈한 고급 정보가 따로 있는데, 인터넷에서 2~3차로 떠도는 식어빠진 정보를 혼자만의 것인 양 급하게 들이키다가 배탈이 나는 것이다. 인터넷 사용을 줄이는 만큼 고급 기술을 익히는 데 시간과 에너지를 투자할 수 있다. 인터넷에 바치는 시간이 너무 많다는 의견에 공감한다면 가끔씩 인터넷을 끊어 보자. 너무 심심해서 오히려 더 행복한 '진짜 인생'을 발견할 수도 있을 것이다.

풍부와 과잉의 시대

경제 위기라는 말이 나온 지 꽤 되었지만, 생각보다 길게 지속되고 있다. 금융 위기가 일정 부분 해소되었지만, 젊은이들의 일자리가 턱없이 모자라다고 난리다. 돈이 돌아도 위에서만 돈다는 이야기인가? 경제에서 고용 위기만 한 위기는 없다. 사회를 바닥에서부터 돌리는 기초 에너지가 고용이니까. 위기가 지속되면 나중에는 위험으로 변한다.

경제가 V자나 U자처럼 최저점을 찍고 다시 반등하리라는 예측도 있었지만, 2008년에 노벨 경제학상을 수상한 폴 크루그먼Paul Krugman 교수는 이번 위기가 L자형 장기 침체로 갈 확률이 크다고 진단했다. 학자들이 제각기 한마디씩 하니까 한 명쯤은 맞추는 사람이 있게 마련이니, 크루그먼이 맞더라도 그를 족집게 무당으로 볼 필요는 없겠다.

그나마 미국이나 일본은 상태가 많이 좋아지고 있다고 한다. 베이비붐 세대의 노령층이 대거 은퇴하기 시작하면서 미국, 일본의 고용 상태가 좋아지고 있다. 경제 동력으로 일자리가 많이 생긴 것이 아니라 일하던 사람들이 그만둬서 생긴 빈자리라는 이야기다. 엎어뜨리나 메치나 마찬가지 같지만, 돈을 많이 벌어서 통장에 돈이 쌓인 것과 안 써서 돈이 통장에 모인 것은 엄연히 다르다.

어찌 되었든 우리는 하루하루를 언어와 돈을 매개로 소통하며 살고 있다. 그래서 현대사회에서 경제는 정치보다 훨씬 중요하다. 정치가 경제를 운전하지만, 서민들에게까지 구석구석 사회 전체에 도달하는 직접적인 파장은 경제가 만든 에너지에 의존한다.

그래서 경제 문외한인 필자도 경제문제를 나름대로 분석해 본다. 필자가 생각한 경제문제의 원인은 '풍부'다. 다르게 말하면 '과잉'이다. 풍부는 원래 부요했던 곳만 더 좋게 만들고 확산이 잘 안 되는 속성이 있다. 한쪽은 돈과 물자가 넘쳐서 처치 곤란인데도, 다른 곳에서는 빈곤으로 몸부림을 친다. 전 황우석 교수 연구팀에게 연구비를 몰아주었던 기억을 떠올린다면, 가장 이성적이어야 할 정부가 하는 일에도, 그리고 가장 합리적이어야 할 학술 지원에도 빈익빈 부익부가 그대로 적용되고 있으니 다른 분야는 말할 필요도 없다.

그래서 지구촌에는 지근거리에서도 비만과 영양실조가 항상 공존해 오고 있다. 마르크스는 오래전에, 생산기술(과학기술)의 진보는 빠른데 분배기술(법과 제도)이 늦어서 자본주의는 망할 것이라고 했다. 그런데 공산주의가 먼저 망하면서 그의 말은 무시당했다.

공산주의가 망한 이유는 정반대 현상 때문이었다. 노력하는 자에게 인센티브가 없으니 분배에만 관심을 두고 생산을 열심히 하지 않은 것이다. 현재 유럽 사회도 생산보다는 분배에 관심이 많아서 미국만큼 풍요롭지 못하다. 반면 미국 자본주의는 생산은 많은데 분배는 뒷전이어서 소득 불균형이 크다. 그런 이유 때문인지 흉악 범죄는 유럽보다 미국이 훨씬 많다. 이미 유럽과 미국 양쪽이 그렇게 굳어졌으며, 어느 쪽이나 기득권자들의 저항이 커서 중간으로 오려고 하지 않는다. 이미 망한 공산주의는 논외로 하고, 아직은 버틸 만한 자본주의 쪽 이야기만 해보자.

자본주의사회에서 가장 첨예한 경제 대상인 부동산 문제를 보자. 자기가 살 집을 샀다면 가격 변화에 별 영향을 안 받는다. 집값이 떨어지면 더 큰 집으로 옮겨 가기 쉬우니 좋고, 오르면 팔아서 돈 되니 좋다. 어느 쪽이든 상관이 없는데, 어설프게 막차 탄 사람들은 인생이 꼬인다. 하지만 그렇게 정의를 주장하는 언론에서도 꼼수 때문에 망한 경우에 대한 반성의 기미는 찾기 힘들다. 언론들이 투기를 부추겼는데도 말이다. 문제가 터지고 나면, "모두의 지혜를 모아 해결부터 하자. 책임 추궁은 그 후에 해도 늦지 않다."는 그럴싸한 구실로 책임을 피해 간다. 그런데 문제가 해결되면 반성을 할까? 또 다른 먹잇감을 향해 달려가야 하니까 '폭탄 돌리기'만 계속 빨라질 뿐이다. 내 차례가 올 때 재빨리 옆으로 폭탄을 돌려 버리면 위험을 피할 수 있다고 생각한다. 빨리 돌리면 더 빨리 돌아오는 것을 모르고 말이다. 이런 게임 안에 존재하는 개인은 받은 폭탄을 더 빨리 돌리는 방법 외에 다른 도리가 없다.

그러면 경제 위기 시대에 개인이 할 수 있는 일은 무엇일까? 궁색하지만 확실한 방법이 한 가지 있다. 모든 것을 줄이고, 지질하다고 자책하지 않는 것이다. 한마디로 하자면, 물질보다 정신적 가치를 추구하며 고상하게 살라는 것이다. 많이 가졌든, 적게 가졌든 이제부터 덩치를 줄이고 심플하게 가보자. 없어도 괜찮은데 꼭 필요하다고 착각하는 것들이 많다. 내가 소유한 것이 내 정체성이라고 판단하는 우를 쉽게 범해서 그렇다. 사는 집, 타는 차가 나를 대변한다고 생각하는 과시욕부터 버려야 한다. 옛날에는 굵고 짧은 인생이 멋있다고 했지만, 지금은 가늘어도 건강하게 '지속가능한 인생'을 살아야 하는 시대다. 소유욕으로부터 해방되자는 거창한 철학을 주장하려는 것이 아니라 살아남기 위한 생존 전략을 이야기한 것이다. 상대적 빈곤에 시달리지 말고 이미 가진 게 충분하다고 생각하자.

전쟁에서 살아남으려면 꼭 필요한 것만 있어야 한다. 갑옷이 무거운 유럽의 기사들은 한번 넘어지면 자신의 힘으로 일어날 수도 없었다고 한다. 70kg의 중무장을 한 유럽의 기사들은 7kg의 군장만 챙긴, 가볍게 무장한 칭기즈칸의 군대를 이길 수 없었다. 중무장은 역설적이게도 공격이 아니라 수비를 염두에 둔 소극적인 자세다. 우리도 삶의 무장을 가볍게 할 수는 없을까? 없는 것에 뭔가를 더할 생각보다 있는 것 중 버려야 할 '살생부'를 한번 만들어 보자. 경제부터 인간관계까지, 생활 구석구석에 눌러 붙은 '체지방'을 확실하게 제거해 보면 어떨까?

때로는 로 테크Low Tech가 인생을 바꾼다

대학을 졸업하고 처음 직장을 잡았을 때, 필자는 공장 현장에 배치되었다. 학교에서 역학 방정식만 풀다가 현장에서 하루 종일 서 있으려니 몸이 고달팠다. 납품일이 다가오면, 작업 시간을 덜기 위해 기계 부품 모서리에 줄질을 하며 마무리를 돕기도 했다. 당시 과장님은 예비군 중대장 출신에 역학이나 기계는 전혀 모르는 분이었다. 젊은 엔지니어들을 통제할 전문 지식이 없으니 매일 정리 정돈만 강조했다. 그래서 당시에는 불만이 많았다. 현장을 개선하는 데 겨우 이 정도 아이디어밖에 없다니 참 갈 길이 멀다는 생각이었다.

하지만 이제는 정리 정돈이 그 무엇보다 중요한 시대가 되었다. 요즘은 집집마다 물건들이 넘쳐 난다. 허드레옷과 잡동사니가 뒤섞여서 뭐 하나

찾으려면 난리도 아니다. 도저히 찾을 수 없었던 물건들이 이사할 때 다시 나타나는 경우도 있다. 사무실이나 실험실은 어떤가? 겉으로 보기에는 멀쩡해도 구석구석 뒤져 보면 복마전이다. 그래서 평소엔 아무 데나 막 굴러다니던 물건들이 막상 사용하려고 찾으면 안 보인다. 선배들로부터 꽉 찬 캐비닛을 그대로 물려받은 후, 아무도 손을 대지 않아 남는 공간이 없었던 적도 많다. 특히 연구실이나 사무실은 자기 집도 아니고 졸업하거나 부서를 옮기면 그만이라고 생각하는 탓에 누구도 신경 쓰는 사람이 없다. 선배가 정리 좀 하라고 잔소리하면 후배들은 적당히 눈에 보이는 부분만 치운다. 그 물건이 거기에 왜 있는지 아무도 묻지 않는다. 책상이나 캐비닛 뒤로 가보면 컴퓨터와 전기선들이 아마존의 구렁이들처럼 엉켜 똬리를 틀고 있다.

매일 일하는 장소를 내 집처럼 깨끗하게 유지하는 것은 정말 중요하다. 우리는 집보다 직장에서 더 많은 시간을 보내니까. 정리 정돈의 기본은 안 쓰는 것들을 과감하게 버리는 것이다. 하지만 정작 버리려고 하면 누가 갑자기 찾을지도 몰라서 상당히 찜찜해진다. 이 경우에는 박스에 넣고 날짜와 내용을 간략히 기입한 후 구석에 두었다가 일 년간 아무도 안 찾으면 주변에 이메일을 한 번 돌리고 처분하면 된다.

컴퓨터 내부의 각종 파일도 복잡하기는 마찬가지다. 기본적인 검색 기능이 좋으니 정리해 두지 않아도 파일을 찾을 수는 있다. 하지만 안 쓰는 파일을 지우지 않아서 하드디스크를 새로 사도 금세 반 이상이 차버린다. 그렇게 사다 사다 결국 뭔지 잘 모르겠지만 필요 없어 보이는 파일부터 지우게 된다. 애초에 용량을 많이 잡아먹는 동영상 파일만이라도 알짜만 빼고 지워 뒀으면 됐을 일인데 말이다. 실험은 실패할 수 있지만, 정리 정돈 불량으로 안전사고가 나거나 몇 개나 있는 재고품을 또 구매하게 된다면 입이 열 개라도 할 말이 없다. 필자는 한참 전에 사두고 안 읽은 책을 아마존에서 재구입한 것을 알고는 진땀을 흘린 적이 있다. 그래서 식구들 몰래 한 권은 사무실에 가져다 놓았다. 좋은 책은 언제 어디서나 가까이 두고 읽어야 한다는 스스로의 명분을 만들어서 말이다.

정리 정돈은 가정에서도 중요하다. 혹시 냉장고 구석에서 오래된 야채가 썩고 있지는 않은가? 난 잘 모르겠고 어차피 엄마, 또는 아내가 정리하겠거니 생각한다면 그것도 오산이다. 우리 집 안의 정리 정돈은 나 몰라라 할 수 없는 일이다. 뿐만 아니라 '냉장고는 원래 아내가 자주 쓰는 거니까 아내가 정리하면 되겠지?'라는 생각도 잘못된 것이다. 정작 아내 눈에는 뭐가 문제인지 잘 안 보일 수 있다. 익숙하니까 문제점이 더 안 보이는 것이다. 가끔은 새로운 시각에서 문제를 볼 수 있는 사람이 직접 나서야 한다. 일터나 가정에서 주변을 깨끗하게 정리하여 공간을 더 넓히면, 마치 다이어트로 군살이 빠진 것처럼 몸과 마음이 훨씬 가벼워질 것이다.

역사를 아는 사람이 더 강하다

뉴턴이 사과나무 아래에서 중력을 생각하는 삽화나, 수염 덥수룩한 아인슈타인의 머리 위로 별들이 회전하는 만화 컷을 한두 번은 본 적이 있을 것이다. 과학사에서 대표적으로 등장하는 두 인물이 뉴턴과 아인슈타인이다. 그리고 여기에 한 명을 더 추가한다면 마리 퀴리여야 하지 않을까? 마리 퀴리는 약소국 폴란드에서 프랑스로 유학을 간 여성 과학자라는 이유로 국어책에 실렸었는데, 필자는 아직도 그 이야기의 첫줄을 외우고 있다. 이야기는 폴란드 학교를 배경으로, 자기네 역사를 몰래 배우고 있던 선생님과 학생들이 러시아 장학관이 방문한다는 소식에 분주히 위장 수업을 준비하는 장면으로 시작한다. 물론 이 이야기가 일본 교과서에서 베껴 온 것이라는 사실을, 일본 과학자와 잡담을 나누다가 알게 되어 깜짝 놀랐던 기억이 난다.

돌이켜 보면, 어릴 때 읽었던 과학사 책들은 한 인간을 신격화하는 위인전이나 나름없었다. 그리고 한국에서는 지금까지도 이런 전통이 계속 이어지고 있는 것 같다. 오래전, 우리나라를 뒤흔든 전 황우석 교수의 사건에서도 줄기세포에 대한 지식은 뒷전이고 황 교수가 사기꾼인지 아니면 왕따 당한 과학자인지에 대해서만 관심이 뜨거웠다. 과학보다는 사람에 더 집착하는 한국의 습관이 드러난 것이다. 어쩌면 역사가 곧 사람들 이야기니까 당연할 수도 있겠다.

일반 역사에 밝은 이공계 전공자도, 과학기술 역사에 대해서는 별로 아는 것이 없다. '왜 과학사는 인기가 없을까? 역사도 이공계를 푸대접하나? 드라마틱한 반전이 없기 때문인가?'라고 혼자 생각해 봤다. 필자가 내린 결론은 이렇다. 인문사회 분야에서는 맞고 틀린 것이 없다. 하지만 과학은 맞고 틀림이 확실하다. 그러다 보니 과거의 이론들을 오늘날에 펼쳐 보면 재고의 가치도 없는 것들이 많다. 그래서 과학사가 홀대받는다는 생각이 든다.

기술의 역사가 알려지지 않은 이유는 좀 다를 것 같다. 기술을 가진 사람들은 대중들의 주머니만 열려고 할 뿐, 그 제품에 어떤 고민과 땀이 담겨 있는지는 비밀로 간직하고 싶어 한다. 자기의 발명이 카피될까 봐 두려워서다. 이런 배타성과 폐쇄성 때문에 기술의 역사는 커튼 뒤에 가려졌다. 그래서 오늘날 너무나 보편적인 전파 장치(휴대전화, TV)들에 관해 대중의 지식은 정말 낮은 수준이다. 복잡한 전자기학 원리는 덮어 두고 그냥 손가락 누르는 사용법에만 익숙한 것이다. 다른 이유도 있다. 이공계에는 '이야기꾼'이 너무 없다. 묵묵히 실험하고 논문 쓰는 사람들만 대접받는 문화가 황석영 같은 '구라꾼'의 탄생을 방해한다. 정치에 비유하면 대변인도 없고, 언론도 없이 선거 치르는 격이다. 과학기술계의 이러한 보수성은 아마 한동안 개선되지 않을 것이다.

역사에 약하다는 것은 인생의 기본 속성에 대한 이해가 모자라다는 의미다. 예를 들어, 아리스토텔레스가 고민해 온, 물과 불은 물체를 위로 밀고 땅과 공기는 아래로 당긴다는 '미신'을 과학화한 것이 뉴턴의 중력법칙이다. 아리스토텔레스가 틀리긴 했지만 그의 미신은 뉴턴에게 영감을 준 '신화'다. 네덜란드의 물리학자 로렌츠나 프랑스의 수학자 푸앵카레가 "속도가 빠른 물체의 길이는 정지되었을 때의 길이보다 짧게 관측된다."고 이미 발표했고, 그것을 집대성한 것이 아인슈타인의 상대성 이론이다. 그래서 아인슈타인은 상대성 이론이 아니라 광전자 현상 발견으로 노벨상을 받았다. 이처럼 과학기술의 역사를 제대로 이해하지 못하면 천재들에 대한 우상화를 곧 역사라고 착각하는 우를 범할 수 있다.

외국에서 천재 한 명을 모셔 온다고 모든 문제가 해결되지 않는다. 역사의 교훈은 간단하다. 즉 개개인의 지식은 완벽할 수 없지만, 같이 모여 무지를 극복해 나간다는 것이다. 하지만 개인이 질문을 던져 새로운 도전의 장을 열 수는 있다. 우리는 과학기술사를 통해 여러 사람들의 원시적 고민이 모여 보다 완벽한 과학이 만들어진다는 것을 알 수 있다. 뉴턴 역학이 보완되어 상대성 이론에까지 이른 것처럼 말이다. 그래서 필자는 인류가 만든 가장 위대한 발명품은 민주주의라고 생각한다.

융합 교육을 위한 실제적인 제안

한국 사회는 유행의 흐름이 빠른데, 연구 분야도 예외는 아니다. 언젠가는 '퍼지'가 안 들어가는 제품이 없었는데 이제는 'IT'나 'Bio' 또는 'AI'라는 말이 빠지면 구닥다리 취급을 받는다. 그러다가 '융합'이라는 말이 점점 많이 사용되고 있다. 융합이란, 말 그대로 여러 개를 동시에 연구한다는 것이다. 원조는 수학-과학-철학을 동시에 다루었던 고대 그리스 학자들이겠지만, 융합은 시대에 관계없이 당연하고도 자연스러운 학문관이고 세계관이다. 그리스 시대 이후 중세 암흑기를 지난 후, 위대한 융합 연구자인 파스칼(1623~1662)이 등장한다. 수학, 과학, 철학책에 전부 이름이 나오는 사람이 파스칼이다. 컴퓨터의 원조도 파스칼이 만든 계산기라고 보는 사람도 많고 '인간은 생각하는 갈대'라는 말이 나오는 저서 『팡세』('생각'이라는 뜻)를 모르는 사람도 없을 터.

그런데 20세기로 넘어오면서 사람들은 분야를 잘게 나누기 시작한다. 디테일이 많아지면서 종합적인 시야보다 전문성이 더 중요해진 것이다. 이때부터 우리는 다른 과목 교과서에 동시에 이름이 등장하는 사람들을 더 이상 볼 수 없게 되었고, 학문도 넓이보다 깊이를 추구하는 쪽으로 바뀌었다. 그래서 '넓을 박博'자를 쓰는 박사라는 단어에 이젠 '얇을 박薄'자가 더 잘 어울린다. '해박該博'한 학자들이 줄고 '천박淺薄'한 서생들이 늘었으니까.

지금 융합을 논하는 사람들은 먼저 한 가지 연구로 유명해진 사람들이다. 그러다가 장사가 안 되니, 간판을 바꿔 달려는 것이다. 설렁탕집 하다가 손님들이 줄어드니 하루아침에 갑자기 스파게티도 잘한다며 양식집 메뉴까지 내어놓는 엉터리 식당인 셈이다. 사실 여태껏 우리나라에서는 전공이 너무나 중요해서 융합이 설 자리가 없었다. 가방만 들고 다니다 설렁설렁 대학 졸업한 사람들도 서로 만나면 전공이 뭐냐고 묻는다. 선후배인지 족보를 확인하고 싶은데 "대학은 어디 나왔수?"라는 말이 너무 직접적이니, 학번이나 전공을 묻는 것으로 탐색전을 시작하는 것이다.

학자들은 자기 학과의 순혈주의를 이어 오는 것으로 권위를 보호해 왔다. 하지만 이제 그런 경직된 학계 분위기는 점점 사회와 시장의 외면을 받는다는 위기감을 느낀 것이다. 사실 이렇게 분위기를 빨리 파악하는 것도 눈치 빠른 한국의 힘이다.

아직 융합 연구가 피상적으로 느껴지는 사람들을 위해 한 가지 예를 든다면, 컴퓨터공학과를 들 수 있다. 초창기에 컴퓨터 프로그램은 수학 전공자들이 만들었고 하드웨어는 전자공학자들이 만들었다. 그러다가 소프트웨어와 하드웨어를 엮는 것이 필요하다는 사실을 깨닫고 컴퓨터공학과가 태어났다. 컴퓨터공학은 학문적 분류가 아닌 제품을 기준으로 만들어진 최초의 융합 연구학과라고 할 수 있다. 이제 서서히 자동차학과도 늘어나고 있다. 자동차학과를 졸업하면 자동차밖에 모를 것이라는 생각은 오해다. 전자 기술과 기계 기술의 기본을 함께 알지 못하면 자동차를 깊이 알 수 없기 때문이다. 제품에 학문을 맞추는 실사구시 접근법이라고 볼 수 있다.

대학을 갓 졸업하고 현장 엔지니어로 일할 때 재미있는 경험을 했다. 기계가 고장 나서 보수 정비 담당 직원을 불렀는데, 기계 담당자가 와서 기계 쪽은 이상이 없다며 손을 뺐다. 다시 전자 부품 수리 담당자가 와서 점검해 보고는 전자 쪽도 문제가 없단다. 납기는 임박했는데 생산용 장비가 서 있으니, 수리비가 비싼 줄 알면서도 어쩔 수 없이 서울에 상주하던 독일 엔지니어를 불렀다. 뭐가 전공인지 물었더니, 전자니 기계니 하는 말은 없고 고장 수리가 전공이란다. 그런데 기계를 돌려 놓고 한가하게 여기저기 소리를 들으며 왔다 갔다 하더니 말끔하게 고치고 갔다. 이 사람은 학문적 분류가 아니라 문제해결을 중심으로 공부하고 훈련받은 사람인 것이다.

여러 분야로 잘게 나뉜 학문들이 포화 시점에 이르렀기에 이제 융합은 시대정신이다. 새로운 것을 발명하여 경제에 기여하는 측면에서도 융합이 중요하지만, 과학의 근본 목표인 '자연을 제대로 알기' 위해서도 융합은 필수이다. 자연은 물리니 화학이니 하는 말을 모른 채 전체가 섞여서 조화롭게 돌아가고 있으니까. 국내에서도 이런 시대의 요구에 맞춰 무학년 무학과 제도를 운영하는 등 나름대로 노력을 하고 있는 것으로 안다.

하지만 영역 구분이 아예 없이 전체를 공부한다는 것은 천재에게도 어려운 일이다. 수식보다 경험과 실험이 필요한 분야는 더욱 그렇다. 정해진 길이의 끈으로 사각형을 만들 때, 정사각형을 만들어야 면적이 최대가 된다. 높이와 폭이 조화를 이루어야 면적이 커지는 것이다. 무학년 무학과로는 폭을 너무 넓게 잡은 나머지 높이를 키우지 못하여 결국 전체 면적은 작아지는 꼴이 될 수 있다. 반대로, 세밀한 학과 분화는 높이만 키우다 폭이 작아 면적도 줄어드는 결과를 불러온다.

세분화든 무학과든 둘 다 면적이 최대로 커지지 않는 방법이다. 융합은 범위를 너무 좁거나 넓게 잡으면 곤란하다. 그래서 문과 · 이과 구분에 논란이 많은 고교 과정도 분명하게 나누지 말고, 선택 과목만 서로 약간씩 다르게 하는 것이 좋다.

다음으로 중요한 기회는 석사과정이다. 미국의 경우, 석사는 일반대학원이라고 부르는 '박사 준비반'과 전문대학원이라고 부르는 '실무 준비반'으로 나뉜다. 미국에서는 로스쿨, MBA, 의대가 전부 전문대학원이다. 의대나 법대 학위 이름에는 '닥터Doctor'라는 칭호가 붙지만, 사실은 실무 석사과정이다. 위의 세 가지 과정에서는 새로운 학문을 연구하기보다, 이미 확인되고 증명된 내용 위주로 공부하기 때문이다. 그리고 대다수의 미국학부 졸업생들은 일반 석사과정보다는 전문 석사과정으로 진학하려고 한다. 반면 우리나라 유학생들은 일반 석사과정에 많이 지원한다. 전문 석사과정은 학비가 비싸고 높은 수준의 영어 실력을 요구하기 때문이다.

서양에서는 대학이나 전문 연구소에 취직하는 것이 아니라면 박사학위는 그 기간만큼에 해당하는 3~4년의 경력으로만 간주된다. 심지어 기업들은 박사학위 소지자들을 꺼리는 경향마저 있다. 하나만 파고드는 습관 때문에 추진력이나 유연성이 떨어진다고 보는 것이다. 그래서 서양 사회의 주류는 결코 박사들Ph.D이 아니다. 우리나라의 주류가 고시 출신과 박사들이라면, 서양 사회의 주류는 전문 석사과정 출신들이다. 영미권과 학제가 다른 프랑스의 엘리트 교육과정인 그랑제꼴Grandes écoles도 거의 정확하게 미국의 전문 석사과정에 해당된다.

이제 논의하려는 우리나라의 석사과정을 생각해 보면, 일단은 논문부터 폐지되어야 한다. 석사 논문은 창의적일 수 없고 수준도 높지 않다. 박사 논문을 위한 연습이어서 대다수는 표절 수준이다. 그래서 석사 논문에 대한 표절 시비가 끊이지 않는다. 논문 대신 수강 과목을 대폭 늘려서 과정을 꾸릴 수 있다. 이때 절반은 전공과목을, 나머지 절반은 타 학과 학부 과목을 듣는다면 정말 좋은 교육 과정이 될 것이다. 이미 개설된 다른 학과 과목에 수강생이 몇 명 더 늘 뿐이니까, 대학은 추가로 뭘 준비할 필요도 없다. 밥상에 숟가락만 하나 더 얹는 격이다.

기계공학과 석사과정 학생이라면 2년간 총 12~16 과목 중 절반은 전자, 컴퓨터, 재료 등의 학부 과목을 들을 수 있고 물리학 석사과정 학생은 공학 학부 과목을 수강하면 실험이나 취업에 금상첨화다. 그리고 공학도들이 석사과정에서 경영, 회계 과목을 듣는다면 창업에도 도움이 될 것이다.

국내 거의 모든 대학들은 홈페이지에 '세계 속의 대학'이라는 문구를 사용하고 있는데, 석사과정에 대한 필자의 새로운 제안은 융합과 국제화를 동시에 잡을 수 있는 효과적인 방법이 될 수 있다. 반면 무전공 학부제는 극소수를 위한 너무 오버한 융합이라고 생각한다. 융합 연구도 씨를 뿌리고 가꾸는 시간이 필요하다. 당장 뭐를 하겠다고 허둥대다가는 시간만 낭비하고 한철 유행처럼 흘러가 버린다. 융합 연구는 훌륭한 연구나 제품을 만들기 위해서만이 아니라, 과학기술자들의 넓은 시야와 풍요로운 삶을 위해서도 아주 중요한 '과학기술 복지 정책'이다.

진짜 고수는
디테일에 강하다

몇 년 전에 러시아 상트페테르부르크에 출장을 갔다. 겨울이라 망설이다가 결국 비행기를 타게 되었는데, 함박눈이 내리는 공항을 빠져 나오면서 구소련 군복을 입은 안전 요원들과 마주칠 때는 기분이 묘했다. 냉전 시대 반공 교육을 받고 자란 필자에게 러시아는 '악의 축'이었기 때문이다. 하지만 북한을 묘사한 황석영의 책 제목처럼 이곳에도 사람이 살고 있었다. 나를 놀라게 했던 것은 프랑스 파리와 비교해도 전혀 빈약하지 않은 상트페테르부르크 거리의 조형물과 건물들이었다.

정신없이 첫날을 보낸 다음 날, 회의 중간 휴식 시간에 동료가 제안을 하나 한다. "오늘 퇴근하고 오페라 갈 건데, 같이 갈까?" 안 그래도 퇴근 후 뭘 할까 고민하던 차라 구미가 당겼다. 발레나 교향악단 연주면 더 좋겠지만, 낯선 곳에서 찬밥 더운밥 가릴 것 없어 따라나섰다. 전철역으로 들어가 지하로 깊게 판 엄청나게 우아한 지하철을 탄 후, 다시 한국에서 70년대나 다니던 버스로 갈아타고 극장에 도착했다. 거리는 출중한 문화유산과 빈약한 소비재 산업이 모순적으로 엉켜 있는 듯 보였다. 그래도 여전히 재잘거리며 걷는 청소년들, 끌어안고 키스를 연발하고 있는 연인의 모습은 여느 유럽 도시와 다르지 않았다. 습기를 잔뜩 머금고 음산하게 파고드는 러시아의 추위는 그런대로 견딜 만했다. 그렇게 동서남북 구별이 안 되는 도시에서 어쨌든 극장에 도착했고 입장권도 샀다.

오페라극장에 들어선 다음에는 더더욱 놀랐다. 극장은 아주 화려했고 무대 장치며 배우들의 수준이 대단했다. 겨울이라 외국인 관객은 거의 없어 보였는데, 현지 관객들은 아주 조용히 진지하게 오페라에 열중하고 있었다. 반면 필자는 거금을 들여서 낯선 도시의 오페라극장까지 왔는데 금방 주리가 틀리면서 졸음마저 쏟아졌다. 그도 그럴 것이 배우들은 이탈리아어로 노래하는데 자막은 러시아어로 나오고 있으니, 도저히 정붙일 데가 없었다. 이런 필자와는 대조적으로 옆자리에 앉은 할머니는 연신 쌍안경을 눈으로 가져다 대며 재미를 보는 듯했다. 드디어 제1막이 끝나고 휴식 시간이 되었을 때, 극장 안을 돌다가 구내 가게에서 쌍안경을 하나 충동 구매했다. 그랬더니 제2막부터는 한결 덜 지겹다. 배우들의 표정과 구석구석 엑스트라들의 인상을 살피느라 아주 바빴으니까.

극장을 빠져나와 다시 복잡한 여정을 거쳐 호텔로 돌아오면서, 역시 디테일이 중요하다는 생각을 했다. 최고의 성악가들이 몇 달간 연습하고 무대에 올린 오페라지만 조금만 멀리에서 보면 정말 싱겁다. 그러나 망원렌즈로 거리를 당겨서 보니 중세 유럽 의상이며 코믹한 엑스트라들의 표정이 재미있고, 복수에 불타는 주인공의 절규에 필자도 덩달아 주먹을 불끈 쥐게 되었다. 여행에서도 멋진 문화재뿐만 아니라 거리에서 잠깐 만났던 사람들의 기억, 호텔 데스크에서의 작은 배려들이 모여 다시 가보고 싶은 곳이라는 인상을 가지게 된다. 요즘 우리가 하는 연구 분야에서도 나이가 조금만 들면 각론에서 손을 떼고 총론만 들고 다니는 분들이 많아지고 있다. 자기는 나무가 아니라 숲을 보는 사람이라며 청산유수로 떠든다. 하지만 그들이 보는 숲이라는 것이 실무자들과 별반 차이가 없어 보인다.

중견 과학기술자들이 모두 정치인이나 관리자가 되어서는 곤란하다. 뜬구름 잡는 정치꾼들만 많고 구체적으로 실행할 전문가들은 턱없이 부족하면 안 되니까. 아주 늙어서도 직접 손으로 방정식을 풀 수 있고, 복잡한 프로그램을 돌려서 답을 낼 수 있는 과학기술자들만이 진짜 선수다. 무술 사범이라면 입으로만 제자들을 가르칠 것이 아니라 건달들이 도장에 찾아와서 시비 걸 때 직접 나서서 일대일로 사태를 해결할 능력이 있어야 진짜 무술 고수다. "나이는 들어가는데, 언제까지 이런 일을 내가 직접 해야 하나?" 하고 고민하는 전문가들에게, 아직까지 전투력을 유지하고 있다는 사실에 오히려 자긍심을 느끼라고 말하고 싶다. 왕년에는 거의 날아다녔다지만 지금은 입으로만 고수인 분들은 시간 날 때마다 샌드백이라도 치며 몸을 만들어 두는 것이 어떻겠냐고 권하고 싶다. 언젠가 마주할 실전은 계급을 존중해 주지 않기 때문이다.

의학은 과학인가, 아닌가?

가끔씩 신종 바이러스로 세상이 시끄러울 때마다 의학을 생각해 보게 된다. 의학이 과학인지 아닌지에 대해 고민해 본 적이 있는가? 대학에 진학할 때의 분야로 본다면 당연히 이과지만, 의학에는 과학이 아닌 부분도 많다.

그렇다고 의학이 '비과학'이라는 뜻은 아니다. 차라리 '초과학'이라는 단어를 사용하고 싶다. 무슨 말이냐고? 과학적인 것은 사실인데, 아직은 인간이 모르는 부분이 너무 많아서 체계적으로나 포괄적으로 이해하기 어렵다는 의미다. 현대의학이 이룬 업적은 엄청나다. 필자가 어렸을 때는 주위에 소아마비로 다리가 불편한 아이들이 많았다. 지금은 백신 덕에 주위에 그런 아이들이 거의 없다. 이런 긍정적인 발전도 물론 많지만 여전히 오리무중인 부분도 상당하다. 요즘 의학 관련 소식을 보면 언제는 포도주가 암을 예방한다고 했다가 거꾸로 암을 유발한다고 뒤집기도 하고. 한때는 한의학의 인기도 하늘 높은 줄 몰랐지만 요즘은 한풀 꺾였다.

과학은 하나의 원인에 대해 하나의 결과가 나와야 한다. 다른 원인에 의해서도 같은 결과가 나올 수는 있지만, 같은 원인에 의해 다른 결과가 나오면 안 된다. 함수의 대응을 공부할 때 나오는 이야기다. 그런데 의학에서는 상당히 무작위적인 결과들이 나온다. 인체가 너무 복잡해서 제공된 원인이 명확하지 않거나 임계점을 넘으면 과잉 반응이 생기는 경우 때문이다. 쉽게 이야기하면, 인체의 변수는 천 개쯤 되는데 한두 개 변수만으로 시스템 전체를 설명하려니 잘 안 맞는 것이다. 이런 부분 말고도 의학에 초과학적인 부분은 많다.

현장에서 의학을 적용하는 의사의 업무에는 문화적인 요소도 많다. 의사는 환자의 신체를 치료할 뿐 아니라 정신적 안정감도 줘야 한다. 예를 들면, 우리나라에서는 출산을 하면 미역국을 먹지만 이는 꼭 그래야만 하는 치료나 회복 행위는 아니다. 미역국을 먹는 의미는 의학보다 정신적이고 문화적인 면이 강하다. 그런데 미역국이 의학적으로 중요하지 않다고 해서 의사가 미역국을 먹고 싶어 하는 산모에게 핀잔을 주면 안 된다. 이런 이유로, 언어와 문화에 낯선 외국인 의사에게 의료 시장을 쉽게 열 수 없다.

의료 관습에 대해 좀 더 이야기해 보자. 미국인은 감기에 걸리면 닭고기 국물인 치킨 수프를 먹는다. 건더기 하나 없이 정말 멀건 닭고기 국물인데, 숟가락으로 저어 보면 간혹 끊어진 국숫발도 떠다닌다. 이걸 먹는다고 감기 몸살이 바로 떨어지는 것은 아니지만 따끈한 국물을 먹고 나면 몸이 좀 푸근해진다. 사실, 외국에 나가서 '몸살'을 설명하려면 상당히 어렵다. 아무리 설명해도 그냥 근육통이라고 진단해 버린다. 프랑스의 의료 관습은 더 재미있다. 비행기를 탈 때 어린이용 수면제를 처방해 준다. 비행기 복도를 뛰어다니는 아이들을 부모가 쫓아다닐 필요가 없도록 말이다. 어떤 소아과 의사는 손가락을 심하게 빠는 아이에게는 손가락에 겨자를 듬뿍 묻혀 주라고 이야기했다. 심하게 냉정한 관습이어서 아마도 필자가 농담을 하는지 의심스러울 것이다.

요즘 의사가 너무 많아서 포화 상태라고 염려하는 사람들이 있지만, 필자는 이 분야가 계속 수요와 공급이 창출될 것으로 추정한다. 수요가 미미했던 성형외과, 피부과 같은 영역이 커졌고 이제는 다이어트 시장에도 의사들이 대거 진출했다. 요즈음은 암 발병률도 높아졌다. 옛날에도 많았는데 몰랐었는지 아니면 공해와 스트레스 때문에 암이 갑자기 많이 늘었는지는 모르겠다.

사람을 대상으로 실험을 마음대로 해볼 수 없다는 것이 의학을 어렵게 만드는 한 가지 이유다. 물리학은 죽은 물체에 힘이나 운동을 가하니까 장치만 있으면 실험을 할 수 있지만, 의학실험은 살아 있는 사람에게 자극을 가하기 때문에 많은 제약이 따른다. 생체는 나름의 생존을 위하여 스스로 적극적으로 반응하고 방어한다. 마치 경제 정책과도 같다. 집값을 잡으려고 분양 주택수를 늘렸더니 투기꾼들이 몰려 오히려 집값이 더 뛰는 현상이 발생한다. 사람의 몸도 특정 약품에 대해 과잉 반응하는지는 오직 임

상실험을 해보는 수밖에 딱히 방법이 없다. 그런데 마음대로 실험을 할 수가 없어서 어려운 것이다. 대표적인 경우가 뇌과학이다. 이곳저곳을 마구 자극해 봐서 뇌의 반응을 알고 싶지만, 사람을 대상으로 함부로 실험할 수 없으니까. 그래서 아이러니하게도 나치의 잔혹한 실험 때문에 의학이 많이 발전했다. 과정이 부당하면 결과도 부정해야 하나, 오늘날도 여전히 가난한 나라 사람들을 대상으로 약품 부작용 실험은 계속되고 있다.

의사는 사람을 먼저 생각해야 한다는 점에서 과학자보다는 성직자에 가까워야 한다고 생각한다. 프랑스에서는 의과대학이 학비 없이 운영된다. 그래서인지 성직자 같은 의사들을 종종 만날 수 있다. 환경에 반응하는 존재가 인간인지라 제도를 더 잘 만들면 다른 사람들의 생명에 연민이 더 많은 의사들을 양성할 수 있을 것이다. 한국 사회의 큰 강점 중 하나가 전 국민 의료보험제도인데, 이제는 민영화 이야기가 조금씩 나오고 있다. 혹시 의료 환경이 더 나빠지는 것은 아닐까? 미국 제도를 선망하는 의사들은 미국으로 보내고, 아픈 자들이 치료받을 권리가 재산에 의해 좌우되지 않는 사회로 남길 바란다.

풍부한 경험이 오히려 독이 될 때도 있다

서양에서는 인간이 어떻게 지식이나 현상을 인식하고 이해하는지에 관해 오래전부터 심도 있게 토론해 온 모양이다. 우리에게 익숙하지 않은 '인지론'이라는 분야가 교육학, 심리학 그리고 철학에서 논의되는 것은 이런 이유다. 경험론자들은 오감을 통해 경험해 본 것을 이해하고 배워서 알게 된다고 한다. 그래서 감각기관이 중요하고, 그중에서도 특히 90% 이상의 정보가 들어오는 눈이 중요하단다. '백문이 불여일견'이라는 주장이다. 이들의 주장에 따르면, 우리가 산수를 배우지 않았다면 아주 간단한 셈마저도 하지 못했을 것이라고 한다. 인식의 중요한 부분은 관찰이며, 관찰은 실험을 통해 사물과 자연의 원리를 이해한다.

그리스에서 시작된 경험론이 근대에 들어와 영국에서 꽃을 피웠다. 베이컨, 로크, 흄, 밀에 이어 현대에 와서는 러셀까지 이어지는 경험론의 본산이 영국이다. 그들이 전통과 관습을 중시하게 된 것도 경험론의 역사적 산물이 아닌가 싶다. 여기에 반하는 것이 합리론이다. 합리론은 현대과학의 태두로 꼽히는 데카르트(1596~1650)에 의해서 본격적으로 시작된다. "나는 생각한다, 고로 나는 존재한다."는 말은 얼마나 이성적인가? 사과가 나무에서 떨어지는 것은 눈이 있다면 누구나 볼 수 있는 현상이다. 하지만 단순한 관찰만으로는 그것이 중력 때문이라는 사실을 도무지 알 수 없다. 뉴턴은 관찰이나 경험이 아니라 합리적인 생각으로 중력의 존재를 알아냈다. 경험론이 강했던 영국 땅에서 오히려 합리론의 빅뱅이 터진 것이다. 갈릴레이(1564~1642)도 관찰이 아닌, 생각만으로 무게가 다른 두 개의 물체가 동시에 떨어질 것이라고 결론지었다고 한다. 여담이지만, 우리가 흔히 알고 있는 갈릴레이의 낙하 실험은 실제로는 없었다는 것이 정설이다. 엄청나게 많은 사람들이 모여 있는 가운데 낙하 실험을 했을 터인데, 당시의 문헌에서 낙하 실험을 봤다는 주장은 갈릴레이 제자의 책에서만 나온다고 한다. 큰 이벤트가 흔치 않던 시절이라서 더욱 엄청난 볼거리였을 것이고 호사가들이 좋아할 만한 이야기인데도 제자의 책에서만 나오는 것이 신뢰도를 낮춘 것이다.

그러면 이제 갈릴레이가 실험 대신 생각만으로 터득했다는 동시 낙하 원리를 간단히 소개한다. 지금 총알과 대포알을 서로 끈으로 묶어 동시에 떨어뜨린다고 하자. 만약 가벼운 총알보다 무거운 대포알이 먼저 떨어진다고 가정해 보면, 늦게 떨어지려는 총알이 앞서 떨어지던 대포알을 뒤로 끌 테니까 대포알은 혼자 떨어질 때보다 약간 늦게 떨어질 것이다. 그래서 묶인 총알과 대포알이 떨어지는 속도는 대포알만 떨어질 때보다 약간 늦을 것이다. 즉, 묶인 상태의 낙하는 둘 간의 무게 차를 고려한 평균속도로 낙하할 것이고 총알은 평균을 까먹은 범인이 된다. 그런데 전체적으로 생각해 보자. 총알과 대포알이 서로 묶여 있어 전체로 보면 무게는 대포알 하나보다 더 무겁다. 그러므로 묶인 두 개를 하나의 물체로 생각하면 대포알 하나보다 더 빨리 떨어져야 한다. 즉, 미시적으로 내부 관계를 생각해 보면, 묶인 총알과 대포알은 대포알 한 알보다 천천히 떨어지게 되는 반면, 거시적으로 전체를 생각하면 더 무거워졌으니 하나씩 떨어질 때보다 더 빨리 떨어지게 된다. 이렇게 양자 간의 모순이 생기므로, 모순이 없으려면 무게가 다른 두 물체는 동시에 떨어져야만 한다는 필연적 결과에 이른다. 지면상으로는 충분히 설명할 수 없지만 곰곰이 생각해 보면 이해가 될 것이다.

합리론은 유럽 대륙에서 무르익은 다음, 데카르트 이후에는 볼테르, 디드로, 그리고 네덜란드의 스피노자, 독일의 라이프니츠, 헤겔로 이어졌으며, 궁극적으로는 칸트가 경험론과 합리론을 화해시키려고 노력했다고 한다. 합리론은 프랑스혁명에도 영향을 주었고 인간 이성의 회복, 천부 권리 같은 인권운동에도 기여했다. 신의 섭리나 계시보다는 인간의 이성을 앞세우다 보니 교회와는 그리 사이가 좋지 않았다. 사실, 우리가 현상을 이해할 때에는 경험론과 합리론을 적당히 섞어 받아들인다. 금방 생각해 봐도 어느 한쪽만으로는 불가한 것을 철학자들은 애들처럼 몇 세기 동안 싸웠던 것이다. 하지만 이런 다툼을 유치하게 볼 필요는 없다. 더 새롭고 깊이 있는 이론을 찾아내려는 하나의 과정으로 그들이 극단적 선택을 하고 토론을 벌인 것일 뿐이니까. 마치 수학에서 함수의 특성을 파악하기 위해 극한값을 구해 보는 것과 유사한 방법이다.

인생을 생각해 보면, 미래의 어느 한순간도 과거와 똑같지 않다. $1m^2$도 안 되는 나무판 위에서 벌어지는 바둑에서도 평생 동일한 게임이 없다고 하는데 우리 삶이야 말해 무엇하겠는가? 그러므로 여태껏 경험해 본 모든 일은 참고 사항에 머물러야 한다. 과거의 경험을 유일무이한 검인정 교과서가 아니라 참고서 중 한 권으로만 여겨야 경험은 우리에게 정말 약이 된다. 새로운 일도 따지고 보면 완전히 새롭지는 않다. 그래서 "내가 해봐서 아는데!"라든가, "당신 해봤어?"라는 말에 젊은이들은 전혀 기죽을 필요가 없다.

우리 모두는 경험이 어느 정도 쌓이면 모든 일을 자신의 경험으로만 재려고 하는 병이 있다. 경험의 틀 속에 갇혀 업그레이드가 안 되는 사람은 전무후무한 상황을 만나면 패닉상태에 빠질 수 있다. 참된 지성은 경험을 존중하면서도, 그대로 카피-앤-페이스트Copy & Paste 하지 않는 응용력에 있다고 생각한다. 경험이 생각을 제한하지 않고 소중한 참고 사항으로만 기여할 수 있으면 좋겠다.

PART 2

시대를 읽으면 갈 길이 보인다

재택근무와 미세먼지

얼마 전 월드컵이 열리던 때, 우리 이웃이 재택근무를 한다고 해서 속으로 웃었다. '재택근무는 무슨. 휴가 안 쓰고 TV 보며 타이프 몇 줄 치면서 일한 척하겠다는 심산이지….' 아마 다들 비슷한 생각을 할 것 같다. 많은 사람들이 재택근무는 변질된 휴가, 또는 근무 기강 해이로 볼 것이다. 당장 외벌이 남편이 집에서 일하면 아내의 질문이 이어진다. "여기 있던 옷 당신이 치웠어?" 아니면 "머리도 식힐 겸, 쓰레기 좀 내다 버릴래요?" 정도의 요청 말이다. 사람이 눈에 보이니까 당연하다. 아내만 일하는 가정에서 아내가 재택근무하면, "오늘 우리 점심은 밖에서 근사하게 먹자, 어때?" 하고 오늘이 꼭 주말인 양 구는 철없는 남편의 들뜬 마음 정도는 애교로 봐줘야 하나? 그래도 이런 것들은 오히려 다행이다. 서로를 소 닭 보듯 산지 오래된 부부들의 반응은 참담할 것이다. '저 인간이 이제는 출근도 안 하려나 보네… 차라리 내가 나가야지!'

왜 생뚱맞은 재택근무 타령이냐면, 미세먼지 때문이다. 필자는 지중해 연안 프로방스에서 매일 좋은 공기 마시고 쏟아질 듯한 밤하늘의 별을 보며 산다. 그러나 한국 뉴스에는 온통 침침한 스모그 속에 무서운 괴물같이 우뚝 선 아파트 빌딩들이 주로 보인다. 이는 많은 나라의 헌법에 포고된 생명과 자유, 그리고 행복 추구권에 대한 엄청난 침해이다. 사실 미세먼지 뉴스가 일상을 지배하기 전에 징후는 이미 있었다. 한참 전부터 외교관들이 베이징 근무를 꺼려한 것이 그것이다. 떠오르는 중국통이 되겠다며 미국 쪽만큼이나 길게 서던 베이징 근무 줄이었기에 의아했는데, 베이징 시내의 대기오염이 너무 심각했던 게 원인이었다. 남의 이야기인 줄 알았던 미세먼지가 이제 한국의 일상이 되었다. 이 문제는 단기간에 극복이 어렵고, 구체적 대책을 내놓기도 쉽지 않다. 화력발전과 차량 사용을 줄이는 것이 그나마 당장 실현 가능한 조치들이다. 그중에서도 재택근무는 차량 운행 감소를 위한 가장 손쉬운 조치다.

인터넷 시대를 맞이하며, 미래학자들은 재택근무가 늘어나 출근하지 않는 직장인들이 많아질 것이라고 예측했다. 그래서 도심은 흩어지고 천정부지의 집값도 잡힐 것이라고 장담했다. 하지만 인터넷 시대 이후에 오히려 도시 집중화 현상은 더 가속도가 붙었다. 외곽 지역 간에도 차이가 커서 소위 명문 학군으로 평가되는 특정 지역에만 인구가 많이 몰렸다. 오히려 인터넷은 어디가 더 좋은 지역인지를 알려줘, 집중화 현상을 더 악화시킬 뿐이었다. 지금은 재택근무를 할 만한 정말 좋은 인프라가 갖추어져 있다. 이메일은 물론이고, 화상 미팅도 가능하고 이동 중에도 휴대전화로 얼마든지 소통 가능한 세상이다. 그런데도 재택근무는 실현되지 않는다. 인터넷은 우리 삶에 편리한 도구로만 기능할 뿐, 근본적 변화는 이끌어 내지 못했다.

재택근무 실현 가능성이 낮은 또 다른 이유도 생각해 봤다. 요즈음은 너무 많은 것들이 이미 만들어졌기에 새로운 것이 없다. 아주 새롭게 보여도 사실은 이미 나온 어떤 것의 변형이거나 아류다. 이미 존재하는 지식보다는, 지식이 재조합된 정보가 모든 것을 지배하니까 그렇다. 이렇다 보니 혼자 생각할 시간은 형편없이 줄었고, 관계 속에 묶여 있게 되었다. 그래서 어느 기관에서나 고위직이라면 회의로 업무 시간의 대부분을 보낸다. 관련 부서나 협력 업체와의 업무 조정, 아니면 이해를 달리하는 조직과의 신경전, 정치적 파장에 대한 검토 등으로 본질이 모두 포장된다. 어떤 일을 하려면 거의 모두가 동의해야 하고 아니면 최소한 사전에 통지라도 해야 '독박'을 면한다. 개인은 그 오르락내리락하는 과정에 존재하는 서류 배달원일 뿐이다. 입으로만 일하는 고위직들은 손을 쓸 줄 모르니, 수하에 부하들이 안 보이면 패닉상태가 된다. 이런 상황에 미세먼지가 아무리 심하다 한들, 재택근무는 실현이 어렵다.

그러면 재택근무까지는 포기하고, 회의만이라도 효율적으로 해보는 목표를 세우면 어떨까? 여러분이 소속 단체에서 1년간 가장 많은 회의 시간을 보낸 사람 랭킹을 뽑아 보면 재미있을 것이다. 홍길동 0.30, 김갑돌

0.27, 서춘향 0.21… 등등. 숫자는 회의 참석 시간에 연중 근무시간을 나눈, 필자가 만든 계수다. 0.3이라면 근무시간 중 30%를 회의로 보냈다는 이야기다. 물론 회의에 많이 참석한 자체가 잘못은 아니다. 오히려 단체에서 더 중요한 인물일 가능성이 높다. 하지만 회의 시간을 좀 더 줄일 수 없었는지 본인이 판단할 수 있게 해주자는 것이다. 일단 통계가 파악되어야 선악이나 개선 방안이 나올 테니까. 그런데 또 회의 시간을 줄이는 개선 방안을 도출하기 위한 회의를 해야 하니, 참 난감한 딜레마가 아닐 수 없다. 나폴레옹 전쟁의 뒷정리를 위해 유럽 각국 황제들이 모여 1년간 질질 끌며 결정을 미룬 끝에 비엔나 회의에서 나온 말이 생각난다.

"회의는 춤춘다!"

앞의 이야기는 싱거운 소리라며 다 잊어도 좋다. 하지만 지금부터 말하려는 결론은 기억해 주길 바란다. 기아나 전염병 그리고 인권과 전쟁을 걱정하지 않아도 되는 국가가 되었다면, 국민소득이 얼마인지를 따지는 GDP 경쟁은 별로 중요하지 않다. 그래서 환경 선진국이 진짜 선진국이다. 물론 좋은 공기와 깨끗한 물을 마실 수 있는 자연환경은 정말 기본이다. 거기에 더해서 약자를 위한 복지를 어느 정도 갖추고, 열심히 노력하는 사람들의 사다리를 걷어찰 수 없게 공정성이 보장되는 사회 환경도 포함되어야 한다. 사회 환경이든 자연환경이든, 개인은 환경에 지배되며 환경이 우리의 존재를 규정한다. 그래서 미세먼지를 해결하지 못하면, 우리는 건강뿐 아니라 정신도 혼미해져 안개 속을 걷는 것처럼 불안한 삶이 될 것이다.

국가는 개인의 적인가?

제목이 좀 도발적이다. 몇 해 전 프랑스 바칼로레아 철학 과목 글쓰기의 제목이었다고 한다. '국가란 무엇인가?'라는 질문은, 반공체제에서 살아온 우리에게 교과서적인 대답을 요구한다. 보통 사람들은 감히 물으면 안 되는 불경스러운 질문일 수도 있다. 국가란 그냥 따르고 복종해야 할 신과 동급의 개념이었다. 하지만 그런 개념은 어쩌면 국가를 등에 업고 자신의 이익을 극대화하려는 무리들이 만들어 낸 각본일 수 있다. 사실 우리는 국가와 정부도 잘 구분하지 못하고 살아왔다. 사회계약설은 그리스-로마 신화만큼이나 전설 같고 아득한 추상인 반면, 국가는 오랜 세월 동안 억압과 착취를 행사하면서도 충성을 강요해 온 폭군이었다.

미국은 독립전쟁을 통해 외부의 적과 싸워 이긴 후 공화국을 구성했고,

다시 남북전쟁을 거치며 내부의 다른 의견을 가진 자들끼리 싸우고 달래서 연방을 결성했다. 프랑스는 전제군주를 민중의 힘으로 갈아엎고 왕의 목을 친 후 엎치락뒤치락하다가 공화정을 안정시켰다. 반면 영국은 군주와 민중이 타협해서 피를 덜 흘리고 공화정을 만들었다. 우리는 불행하게도 왕정은 일제에 의해 무너졌고 공화정은 미국에 의해 통제되었다. 그러다가 이제 총칼이 아닌 촛불의 힘으로 늦게나마 진정한 사회계약론을 실천하는 중이다. 그렇게 시민의 힘으로 만들어진, 사람을 우선하는 정부의 수뇌부가, 주적이었던 북한의 지도자들을 만나는 과정을 보면서 필자는 엉뚱하게도 '국가는 개인의 적인가?' 하는 질문을 해보게 되었다. 현 정부가 무엇을 잘못하고 있다는 비판이 아니다. 반세기 넘는 세월 동안 반공체제를 유지하면서 얼마나 남과 북의 지배층이 이심전심으로, '북풍'과 '총풍' 같은 사건으로 상호 간에 병풍 노릇을 해주었을 것인지 상상하다 보니 자연스럽게 든 생각이다.

주적이라던 북한은 사실 독재나 보수 정부의 가장 든든한 방패였을 것이다. 북한이라는 존재가 표현과 행동의 자유를 구속할 수 있는 초헌법적인 명분의 출발점이요, 귀결점이었으니까 말이다. 진보 정권이 들어선 지금은 적대를 청산하고 평화를 건설한다는, 과거와는 정반대되는 명분이다. 즉, 냉전이 존재하는 동안 언제나 북한은 (진보나 보수에게 공히) 정권 창출과 정권 안정의 가장 효과적인 수단이라는 것이다. 북한과 멀어지면 가까워지고자 하는 소위 '통일 정서'로 정치 장사를 했고, 너무 가까워지면 남한만이 정통 단일 정부라며 상대를 무시했다. 아마 북한의 정치 사정도

다르지 않을 것이다. 거리가 너무 멀어지면 '우리 민족끼리'라는 슬로건을 걸고 당겼고, 너무 다가와서 불편할 때는 '외세와 자본주의로 오염된 체제'라며 남한을 밀쳤다.

사정이 이러하니 민간 차원의 남북 비즈니스는 정치 영향을 너무 많이 받는다. 개성공단이 그렇게 허망하게 문을 닫았던 것처럼 말이다. 2016년 통일부의 개성공단 중단 자료 사진을 찾아보니, 개성공단 전격 중단을 발표하면서 배경에는 '통일은 우리의 미래, 우리의 희망'이라고 크게 써두었다.

이런 부조화와 비정직함을 우리는 어떻게 고칠 수 있을까? 당장 실현에 시간이 많이 드는 비핵화니 평화협정은 차치하고라도, 연로하신 실향민들 만남은 왜 추첨을 해야 하고 또 기다려야 할까? 사실 그동안 이산가족 만남은 양측 정부가 민중들에게 가끔씩 풀어놓는 선물 보따리로 활용되어 왔다. 이전 정부에서도 정상회담을 했고 그때마다 마치 금방 통일이 되거나 최소한 자유 왕래나 자유무역은 곧 이루어질 것처럼 말했었다. 그러나 여태껏 보여 준 여정으로 판단해 보면 그것은 바위를 산으로 밀어 올리고 다시 굴러떨어진 바위를 반대편에서 밀어 올리는 시지프스의 신화였다.

이제 남북 화해나 교류는 정치적 당위성에서 한 발 더 나가 좀 더 구체적으로 진행되어야 할 것이다. 한반도를 둘러싼 강대국들이 간섭할 여지가 적은 인도주의적 지원이나 학술 행사부터 활성화하면서 시지프스의 신화가 무한 루프로 반복되는 일을 막아야 한다. 통일을 원한다면서 준비 없이 막연히 기다리는 그 숙명적 통일관도 이제는 바꿔야 한다. 북한을 전체로 보지 말고 부분적으로, 분야별로 만나고 느끼고 배우고 가르치는 것은 어떨까? 그래야만 정치적 터부를 피하면서 통일을 준비하는 기초 작업이 가능할 것이다. 북한 엘리트층을 자극하지 않으려면 북한이 경제적으로 일정 수준에 이르기까지 통일이라는 단어를 아예 입 밖에 내지 않는 것이 현명할지도 모른다. 당장 과학기술계가 미세먼지를 포함한 환경-기상 연구, 한의학 교류 같은 구체적 의제로 공동 학술대회 같은 것을 제안해 보면 어떨까. 우리 젊은 과학자들이 김책공대 캠퍼스에서 대동강 맥주를 마시는 사진에 '좋아요'를 누를 수 있게 말이다.

우리를 아프게 했던
알파고 사건

우선 바둑이라는 게임에 대해 간단히 설명해 본다. 예전 줄기세포 사건 때, 줄기세포가 뭔지 모르면서 기사를 쫓아다니던 기억 때문이다. 마치 글을 못 읽는 사람이 책을 보며 흰 것은 종이 까만 것은 글자라고 하는 것처럼, 바둑을 모르는 사람들은 흑백의 돌이 의미 없어 보일 것이다. 바둑은 흑을 쥔 사람이 먼저 시작하여 흑백이 서로 한 번씩 번갈아 가며 둔다. 쌍방이 돌을 계속 놓으며 빈 공간을 채워 가다가 죽은 돌이 생기면 들어낼 뿐, 이미 놓인 돌은 위치를 움직일 수 없다. 판에 올린 말을 움직일 수 없고, 단지 계속 더할 수만 있다는 것이 장기와 다른 점이다. 이렇게 번갈아 돌을 더해 가며 상대보다 더 넓게 자기 집을 확보하는 게 바둑이다.

집이란 자기 돌로 둘러싼 빈 공간을 말한다. 너무 넓게 공간을 확보하면 상대가 침입해서 그 안에다 집을 지어, 처음 욕심과 다르게 자기 집은 울타리만 남는다. 반대로 담장 둘레가 너무 작으면 집이 너무 좁아진다. 상대 돌이 내 돌을 둘러싸면 내 돌은 숨을 못 쉬고 죽는다. 죽은 돌은 다시 들어내고 빈 공간에 다시 돌을 놓을 수 있다. 상대 돌에게 둘러쌈을 당해도 살려면 독립적인 두 개의 방(숨구멍)이 있어야 한다. 상대가 한 번에 두 개를 놓을 수 없으니 구멍이 두 개면 살 수 있다. 마치 사람에게 숨 쉬는 콧구멍이 두 개 있어 하나가 막혀도 다른 하나로 숨을 쉴 수 있는 것과 비슷하다.

필자는 바둑 실력이 3급 정도 된다. 만약 필자는 한 번에 두 개씩 돌을 놓고 알파고는 하나씩만 놓는다면 알파고에게 확실히 이길 수 있다. 그러니 바둑은 한 번에 하나씩밖에 놓을 수 없는 상황에서 가장 중요한 곳이 어딘지를 골라서 돌을 놔야 하는 '우선순위 설정 게임'이다. 어디가 급소인가를 매 순간 판단하며 돌을 두는 것이다. 경기 초반은 스타일에 따라 다르다. 허술한 것 같지만 나중을 생각하며 장기 저축형으로 두느냐, 아니면 처음부터 철저히 단기 이익형으로 가느냐로 스타일이 나뉜다. 그렇게 잽만 교환하던 초반이 지나면 중반부터 노골적으로 시비를 걸어 오며 전투가 벌어진다. 그래서 바둑 경기를 시간별로 나누면 밑그림을 그리는 초기 포석 부분, 치열한 전투가 이어지는 중반의 행마 부분, 그리고 마지막 한 집이라도 더 건지려는 끝내기로 나뉜다. 이 정도면 그런대로 바둑을 이해한 것이다.

그럼 본격적인 이야기를 시작해 보자. 외계인이 지구를 침공했을 때, 우린 어떻게 해야 할까? 사실 그 외계인들이 많은 인구를 가진 행성의 선발대에 불과한지 아니면 그들이 살던 행성에서 다 멸종되고 겨우 몇 명만 살아남아 지구로 도망 온 건지부터 미지수다. 만약 그들과 전투를 벌여야 한다면 총이 효과적일지, 화기가 좋을지, 아니면 전기 충격이 오히려 나을지 아무것도 알 수 없다. 무엇보다 그들이 지구에 온 목적이 무엇인지 알 수 없다는 것이 엄청난 두려움이다. 그들이 지구인을 식민화하려는지, 지구 생명체를 다 쓸어버리고 자기들만의 세상을 만들려는지, 그러니까 침공인지 러브콜인지 알 수가 없는 것이다. 특별한 번역 장치로 그들과 간신히 소통을 했다고 하자. 그들은 정직한 자들일 수도 있지만, 거짓말을 밥 먹듯 하는 존재들일 수도 있다. 그리고 그들에게는 전혀 해롭지 않은 그들 몸에 묻어 있던 먼지가 우리에게는 치명적인 바이러스가 될 수도 있다. 이런 일을 당하면, 우리는 아는 것이 하나도 없는 전투를 벌여야 한다. 아니 전투라는 것이 소용이나 있을지도 미지수다.

위의 어설픈 SF 시나리오가 바로 알파고 사건이다. 차이가 있다면 알파고가 지구인들에 의해 만들어졌다는 것뿐이다. 이제 이 ET는 지구에 살며 이름을 AI로 개명하여 자체적으로 진화해 나갈 것이다. AI가 우리를 업그레이드시켜 줄 것인지, 결국 다 쓸어버릴 것인지는 현재로선 알 수 없다. 다만 상상되는 것은, 계층 간의 골이 더욱 깊어질 것이라는 점이다. 그리고 중산층은 인공지능을 탑재한 '로봇 영장류'가 차지할 확률이 크다. 즉, 상류 인간 〉 로봇 영장류 〉 하류 인간으로 사회가 삼분될 가능성이 있다. 인공지능이 없는 로봇은 반복적인 허드렛일을 한다. 하지만 인공지능이 탑재된 로봇은 고급 일을 할 것이며 가격도 비쌀 것이다. 그런데 허드렛일 하는 인간들은 넘쳐날 것이므로 중산층을 '로봇 영장류'가 차지한다는 이야기다.

필자가 만화를 너무 많이 본 탓이 아니라 필자의 주장을 뒷받침할 만한 정황증거가 있다. 전력을 아껴야 한다며 에어컨을 못 틀게 해도 회사나 연구소의 중앙 컴퓨터실은 추울 정도로 에어컨이 돌아간다. 컴퓨터가 다운되면 안 되니까. 고위직 임직원보다 더 섬세한 냉난방 대우를 컴퓨터는 받고 있는 것이다. 이때 여전히 시원함을 누리는 사람은 컴퓨터실을 오가며 일하는 사람이다. 말하자면 그들은 '로봇 앞잡이'다. 알파고와 이세돌 9단의 대국에서 우스개 패러디가 많았던, 바둑을 알파고 대신 반상에 놓아 주던 구글 딥마인드의 아자황 박사 같은 사람이다.

이제 우리 문명은 어디로 가는 것일까? 우리도 먼 훗날 인공지능 머슴이 되는 것은 아닐까? 겨우 제시할 수 있는 대책이라면 속도를 좀 늦춰서 부작용도 광범위하게 고려해 보며 천천히 가자는 의견이다. 다른 이야기지만, 테러 관련 뉴스를 보며 갑자기 아이디어가 떠올랐다. 인공지능을 가장 먼저 응용해야 할 분야는 테러 방지 프로젝트다. 빅데이터를 분석하여 시간과 돈을 사용하는 개개인의 패턴으로 위험인물을 분류하고 그들의 이미지 정보를 가지고 있으면, 이들이 공항에 출입할 때 검문할 수 있다. 정치인들이 테러리스트보다 반대파 감시에 이 프로젝트를 사용할 것이라고? 벌써 하고 있는 일에 웬 뒷북이냐고? 끝없는 질문과 회의가 우리에게 4차 산업혁명으로 가는 최선의 길을 찾아줄 수 있길 바란다.

난자와 드론
그리고 해킹 이야기

얼마 전 시사잡지 「타임」에서 흥미롭고도 우려스러운 기사 하나를 읽었다. 결혼을 미루고 젊을 때 직업에 집중하고 싶은 미국의 커리어 우먼 중 자신의 난자를 냉동하려는 사람들이 있다는 것이다. 이들은 직장에서 자리를 잡고 40세 전후쯤에 아이를 가지고 싶은데, 그 나이에 건강한 아이를 출산하기 어려우니까 젊을 때 난자를 채취하여 냉동 보관했다가 나중에 아이를 출산할 계획이다. 냉동 난자 시술 비용은 1만 달러가 넘지만 뉴욕의 금융가 여성들에게 비용은 큰 문제가 안 될 것이다. 그리고 현재 기술력으로 40세 전후의 여성이 냉동 난자로 임신에 성공하는 확률은 25% 정도로 상당히 낮은 편이지만, 지금 냉동에 들어가는 난자가 깨어나는 10년 후에는 성공 확률이 훨씬 높아질 것이란다. 냉동 난자 기술은 출산을 미루는 여성들에게 나중에라도 아이를 가질 수 있다는 심리적 위안도 준다.

이번엔 전혀 다른 이야기를 해보자. 최근에 자동차의 전자화가 빠르게 진행되어 모든 컨트롤 장치에 전기 장치가 연결되었다. 그래서 주행 중에 엔진이 꺼지면 브레이크도 잘 안 듣는다. 위험 상황에서 브레이크가 쉽게 작동되어야 하는데, 공기 압력으로 작동되는 브레이크는 한번에 브레이크를 힘껏 밟지 않으면 점점 브레이크가 눌리지 않아서 운전자가 패닉에 빠진다. 미국 고속도로 위에서 직접 경험해 본 일이다. 그런데 이제는 해커들이 자동차를 무선으로 접속해서 마음대로 컨트롤하는 일이 가능하다는 기사가 있었다. 다른 한쪽에서는 로봇이 운전하는 자동차가 개발되는 중인데 다른 쪽에서는 이런 자동차를 해킹하는 시연을 해 보인다고 하니, 인간은 앞으로 운전도 못 하고 로봇과 해커라는 고래 싸움에 등 터진 새우 꼴이 될 모양이다. 외부에서 무선으로 조종되는 자동차가 운전자 의지와 상관없이 방향을 틀고 속도를 낸다는 생각을 해보면 정말 끔찍하다.

요즘은 익숙해진 무인비행기 드론은 조종사들이 위험 상황에 노출될 일 없이 홀로 적진 깊숙이 침투하여 테러리스트들을 박멸해 주었다. 그러다가 다수의 민간인 피해자들이 발생한 후에는 드론에 대한 이야기가 조용해졌다. 사용을 안 한 것이 아니라 자랑을 덜해서 조용한 것이다. 한때 9.11 테러도 비행기가 외부에서 원격 조종된 것 같다는 음모론이 있었다. 공중에서 여객기의 기수를 돌려 고층 빌딩 중앙에 정확히 충돌시키는 것은 숙련된 비행사들에게도 어려운 일이기 때문이다. 언젠가는 재난용 로봇 대회에서 카이스트가 만든 로봇이 우승을 했다고 떠들썩했지만, 그보다 수천 배나 많은 로봇이 인간들의 일자리를 빼앗는 단순 직업 대치용으로 사용되고 있다. 자동차 제작 라인의 용접 로봇이 대표적이다. 정작 재난용 로봇은 후쿠시마 원선 사고 수습에서 전혀 활약을 못 했다. 애당초 로봇 개발의 목적이 무엇인지, 어디에 돈이 더 많이 투입되었는지를 말해 주는 증거다. 그러면서도 각 개발자들이 걸고 있는 구호는 '인간을 위한 기술'이다.

21세기의 과학기술계는 철학이 빈곤하고 미래에 대한 방향도 오리무중이다. 항성을 기준으로 한 절대 좌표가 없는 것이다. 그나마 현재 가장 확실해 보이는 기준은 '남보다 잘하자!'인 것 같다. 경쟁과 속도만 생각하는 과학기술이 윤리를 비도덕하게 만들지 않도록 미리 입법을 준비해야 한다. 하지만 과학기술의 발전 속도를 못 따라오는 법률은 죄형법정주의라는 원칙에 막혀 있다. 선진국들은 자기들 연구에는 관대하고 후발주자들 연구에만 윤리를 내세워 제재를 가한다. 반면 후발주자들은 온 국력을 기울여서라도 위험한 무기나 기술을 손에 넣고 싶어 한다. 한쪽은 제한하려고 하고 다른 한쪽은 뛰쳐나가려고 한다. 극단적 국가주의나 민족주의가 과학기술과 결합하면 정말 위험해진다. 각자 자기 나라를 돌보는 애국자들은 많은데 지구 전체를 돌보는 세계시민은 수가 너무 적으니까 문제다. 세계주의는 실익도 없고, 가능해 보이지도 않으며, 이상주의자로 취급된다. 그래서 빙하기를 겨우 견디고 다시 지구를 차지한 인간들은 얼마 못 가서 온난화로 멸절될지도 모르겠다.

생물학 전성시대

미국 뉴저지주에 위치한 작은 도시 프린스턴에는 프린스턴대학 외에도 고등과학원Institute for Advanced Study이 위치하고 있다. 아인슈타인과 폰 노이만 같은 근대 물리학의 거장들이 연구하던 곳이다. 이 기관은 외부에 알려지는 것을 싫어해서 코앞까지 가도 간판이 눈에 잘 띄지 않는다. 우리 집이 근처에 있어서 가끔 다녔던 곳인데, 내부 분위기는 수도원처럼 아주 차분하다.

이곳에 프리먼 다이슨(Freeman Dyson, 1923~)이라는 나이 많은 물리학자 한 분이 계신다. 어쩌면 현재 살아 있는 물리학자 중에 가장 유명한 분이 아닐까 생각한다. 그는 다양한 연구를 하여 노벨 물리학상 대신 종교계의 노벨상이라는 템플턴상을 받았는데, 필자도 한번 뵙고 토론한 일이 있다.

그가 한참 전 미국의 「뉴욕 리뷰 오브 북스The New York Review of Books」라는 월간지에 생물학에 관한 글을 기고한 것을 읽어 보았다. 그저 과거의 명성과 젊을 때의 업적으로 평생을 우려먹고 사는 학자 정도로 불경스럽게(?) 보았던 필자는 석학의 젊은 감각과 통찰력, 그리고 왕성한 에너지로 미래를 고민하는 자세에 깊은 감명을 받았다. 그 기고에서 다이슨은 생물학의 진보와 대세론을 단순하지만 더 현실감 있게 표현했다. 그는 20세기는 물리학의 세기였다고 본다면, 21세기는 생물학의 세기가 될 것이라고 보았다. 요새 분위기로 보면 하나 마나 한 이야기다. 하지만 구체적인 각론이 있다. 물리학의 시대란 말은 물리학이 주류 학문을 이루었다는 것뿐 아니라, 물리학에서 파생된 제품들이 안방을 점령했다는 말이라고 했다. 물리학이 좀 더 구체적인 응용 대상을 가지고 발전한 부분이 전자공학과 기계공학인데 이들의 연구 결과물인 TV, 컴퓨터, 프린터, 자동차, 시계, 전화가 우리의 일상을 점령하고 있다는 이야기다. 참으로 20세기는 물리학 방정식들이 세상의 질서를 움켜쥔 시대임에 틀림없다.

마찬가지로 21세기는 생물학의 시대가 될 것이라는 예측은 생물학이 단순히 인기 있는 연구 분야가 될 것이라는 정도가 아니라, 생물학에서 파생된 제품들이 안방을 차지할 것이라는 이야기다. 예를 들면, 거실에는 빛의 세기에 따라 색깔이 변하는 장미를 키운다든지, 아이들이 도마뱀 알을 부화시키는 장치로 놀이를 한다든지 하는 일들이 자연스러운 문화가 된다는 것이다. 더 자세히 생각해 보니 벌써 우리 삶에 여러 변화가 있었다. 필자가 어렸을 때는 애완동물 시장이 보잘것없었다. 그런데 지금은 애완동물 음식만 파는 가게나 애완동물 전용 미장원도 있다. 수의사라는 직업도 인기가 상당히 올라갔다. 애완동물의 시장 규모는 정말 커졌다. 더욱 눈여겨봐야 할 부분은 제약 시장이다. 오늘도 아침에 출근하면서 비타민에 칼슘 등 영양제 몇 알 정도는 입에 털어 넣고 나오지 않았는가? 집집마다 약병을 한 줄로 세워 보면 1m 정도는 될 것이다. 보수적인 사회에서도 비아그라 같은 약 정보가 공유된다. 조만간 한 알 먹으면 살이 꼭 1kg씩만 빠지는 다이어트 알약도 나오지 않을까 싶다. 그리고 인공 장기나 인공 신체 시장도 커질 것이다. 자동차 타이어 바꿔 끼우듯 나이 들면 무릎연골을 바꾸고, 심장과 허파를 청소하는 세상이 온다는 말이다. 이쯤하면 삶과 죽음을 정의하는 것도 좀 복잡해질 것 같다.

이렇게 평균수명이 늘어나서 오래 사는 것은 좋지만 은퇴나 연금 등 사회제도는 훨씬 느린 속도로 따라올 것이고 가끔씩 생기는 부작용들, 가령 부화한 도마뱀 숫자가 엄청나게 늘어나서 부엌 서랍을 열자마자 몇 마리씩 튀어나온다든지, 갈아 끼운 인공 장기가 맞지 않아 멀쩡하던 사람이 갑자기 의식불명이 된다든지 하는 일들은 누가 해결해야 할지 모르겠다. 기술로 해결이 안 되니, 법적인 문제가 복잡해져서 법률 시장도 덩달아 커질 것이다.

필자가 읽은 기고문에서 다이슨은 이런 윤리적인 문제나 부작용들은 접어 두고 생물학이 끌고 가는 방향을 당분간 그냥 지켜보자고 제안했다. 설령 다이슨이 이런 말을 하지 않았더라도 우리는 약간 고민하는 척하다가 곧 이전처럼 일상의 아귀다툼에 허우적거리며 살 것이다. 어차피 나 혼자

책임질 수 있는 문제도 아니니까 말이다. 사람들은 감사패와 공로상을 주고받으며 박수 치는 파티를 즐기지만, 끝나고 나서 청소하는 일에는 무심하다. 그렇게 모두가 뿔뿔이 떠난 뒤의 파티장은 고상하게 대화하던 직전의 모습과는 대조적으로 아수라장이다. 생물학이라는 파티가 끝나 가면, 상 받는 사람을 위해 박수 치고 밥 얻어먹을 궁리만 하지 말고 참석자들도 다 함께 뒷정리까지 깨끗하게 마쳐야 집에 갈 수 있다는 메시지를 확실하게 알고 있어야 할 것이다.

편안할 때
위기를 생각하라

1990년대는 컴퓨터로 시작된 IT 혁명이 세계를 강타한 시절이다. 그러다가 2000년 전후, 의욕적이었던 벤처들이 줄줄이 망하면서 IT 산업이 약간 수그러들었다. 그런 다음 휴대전화가 보급되고 디지털화가 급속히 진행되면서 이전에는 존재하지 않았던 시장이 생겨났다. 스마트폰과 구글 그리고 유튜브와 페이스북이 진정한 IT 시대를 연 것이다.

요즘은 디지털 기기들 덕에 심심할 새가 없이 볼 것도 많고 놀 것도 많다. 전자기기를 사용하니 독서도 훨씬 덜 지겨운 것 같다. 책과 장난감을 동시에 만지는 느낌 때문일까? 확실히 킨들이나 아이패드로 독서하면 좀 더 오래 붙들고 있게 된다. 사실은 기기로 독서하는 도중에는 다른 짓을 동시에 하게 되어 집중도는 떨어지지만 붙잡고 있는 시간만은 길다는 이야기다. 모두 실시간으로 채팅을 하고 사진을 전송하는 등 정말 활발하게 호기심을 채우고 있다. 물론 자기 성찰의 시간이 줄어들어 철학이 빈곤해질 것이라는 염려는 있다. 어쨌든 지식이나 정보에 목마른 사람이라면 이제 환경 탓을 할 수는 없다.

이런 편리함과 혁신을 제공해 준 회사들은 인류사에 길이 남을 기여를 한 셈이다. 그런데 정작 그 엄청난 회사들은 하나같이 수명이 짧아 일찍 문을 닫거나 업종을 다원화할 수밖에 없었다. 대단한 업적을 남긴 그들조차도 혁신의 압박을 이기지 못하고 시장에서 퇴출당했거나, 퇴출 위협을 받고 있다. 마치 한여름 며칠간의 화려한 생을 마치고 사라진 매미처럼 말이다. 컴퓨터 시장에서 최고의 권력을 누렸던 IBM은 최초의 대형 컴퓨터 IBM-360을 만들었고, PC라는 이름으로 개인용 컴퓨터를 처음으로 보급했던 회사다. 그런데 이제 컴퓨터 하드웨어 시장에서 IBM이라는 이름은 사라졌다. 가전의 왕자 필립스, 전설의 소니는 그렇다 치고 핀란드 국민 기업이라는 노키아Nokia도 한 방에 날아갔다. 소니와 어느 정도 구색을 맞추던 일본의 내셔널이나 히타치 같은 회사는 아예 존재감조차 없다. 디지털카메라는 코닥에서 맨 처음 개발했다고 한다. 하지만 아이러니하게도 플라스틱 필름으로 막강한 주도권을 쥔 상태에서 디지털 시대의 도래에 발맞추지 못하다가 망했다. 그래서 미국 뉴욕주 로체스터에 있는 코닥 건물들을 과학박물관으로 사용하자는 이야기가 나오고 있을 정도다.

참으로 허망한 일이다. 그들의 수고로 세상은 발전했는데 지금 그 '개국공신'들은 다 숙청된 셈이다. 물론 많은 회사들이 의료기기나 금융, 소프트웨어 등과 결합된 복합산업으로 업종을 전환했지만 예전의 영광에 비하면 보잘것없다. 망할 뻔했던 애플만 사선을 넘어 다시 최고의 권력자로 컴백했을 뿐 나머지 전자 회사들은 진작부터 내리막길을 걷고 있다. 이런 사례들은 제법 시간이 지난 일이고, 쥐도 새도 모르게 사망하여 장례식도 없는 죽음이 시장에 많았다. 스마트폰이 나오고 나서 전자사전과 GPS 업체들은 전멸했다. 신병기에 제대로 대항할 시간도 없이 하루아침에 사라진 것이다.

이제 IT 및 전자 산업 권력의 상당 부분은 미국과 일본에서 한국으로 넘어왔다. 삼성전자와 LG전자는 휴대전화, 모니터, TV로 세계인의 주머니와 책상, 그리고 호텔 방을 점령했다. 필자는 삼성전자에서 몇 년을 근무했기에 평소 삼성전자를 인정하는 데 조금 인색한 편이다. 하지만 필자의 인정 여부에 상관없이 삼성전자는 현재 명실공히 세계 최고의 전자 회사다. 삼성전자는 국내 기업들이 내는 총 법인세의 20% 이상을 담당하고 있다. 세계 무대에서는 '코리아'보다 '삼성'이라는 기업 이미지가 훨씬 더 강력하다. 그런데 과연 얼마나 더 오래 권력을 누릴 수 있을까?

이 질문은 아주 중요하다. 이것은 삼성전자 단일 회사 문제가 아니라 한국 경제 전체의 문제이며, IT 산업 재편에 관한 질문이기 때문이다. 저가 제품은 앞으로 전부 중국 업체로 넘어갈 것이다. 삼성전자는 이제 새로운 시장을 개척하든지 훨씬 수준 높은 고급 기술로 가야 한다. 안타깝게도 이런 전략을 논의할 시간도 충분히 주어지지 않은 채 시장은 재편될 것이다. 어쩌면 내려앉는 것을 기정사실로 받아들이고 경착륙을 준비해야 할지도 모른다. 코닥같이 삼성전자가 갑작스러운 사망Sudden Death에 이른다면 한국 경제는 패닉에 빠질 것이다.

왜 괜한 방정이냐고 반문할지도 모르겠다. 아무리 어려워도 삼성은 최소한 상당 기간 권력을 놓지 않을 것이라는 주장도 일리가 있다. 그러나 최악의 시나리오에 대한 준비가 없는 낙관론은 위험하다. 기존의 성공에 도취된 최고 경영자들에게 제대로 된 조언을 해줄 사람도 없고, 들어줄 경영자도 없을 것이다. 더군다나 노동 강도가 너무 높아서 조직에 애정을 갖기 힘든 직원들, 언제라도 연봉이 더 높은 곳으로 옮기려는 직원들이 늘어난다면 더 위험하다. 앞으로 정신 차려서 더 잘하자는 논리보다는, 이제 내리막으로 갈 것을 인정하고 장차 부담이 될 조직과 제품들은 서서히 접는 정책도 현실적이다. 우리는 열심히 하고 있기에 예외라는 주장은 미신적 신앙에 가깝다. 지금은 비관적인 대처가 필요한 시점이고 아직 여유가 있을 때 준비해야 한다.

다음 세대를 위한
진로 이야기

학생들의 진로 지도와 생활을 다루는 프랑스 잡지를 읽은 적이 있는데, 지금도 여전히 생각나는 아주 흥미로운 기사가 있다. 졸업 후 3년이 지난 뒤, 어떤 고등학교의 이과반 졸업 앨범에서 임의로 몇 명을 선정해 지금 어디에서 무엇을 하고 있는지를 취재한 내용이다. 재수-삼수하다가 겨우 대학교에 정착한 학생, 처음부터 일이 쉽게 풀려 괜찮은 대학에서 졸업을 앞두고 있는 학생, 실력은 모자라지만 의사가 되고 싶어 의대 진학이 좀 더 쉬운 인근 국가로 도피 유학을 간 학생 등 아주 다양했다. 그들에게 공통으로 물어본 마지막 질문은 만약 시간을 거꾸로 돌려 고등학교로 돌아가서 다시 진로를 정한다면 어떤 선택을 하겠느냐는 것이었다. 놀랍게도 6명이 모두 현재의 선택에 만족하며 다른 기회가 주어진다 해도 동일한 선택을 하겠다고 대답했다.

필자는 그 기사를 읽고 적지 않은 충격을 받았다. 특히 자기의 선택이 최선이었다고 말한 기준에서 가장 중요한 요소는 "현재 자신이 하는 공부가 자기 능력에도 잘 맞는다."고 대답한 사실이다. 이 부분은 필자가 미국과 프랑스라는 서양 사회에서 25년을 살아오면서 느낀 점과도 일치한다. 그들은 진로를 선택할 때 사회에서 얼마나 알아주는가 하는 것보다는 자기가 좋아하는지, 잘할 수 있는지를 기준으로 정한다. 너무나 당연하지만, 실천이 무척 어려운 일들을 이들은 일상에서 구현하며 살고 있다.

더 신기한 것은 부모들이 대체로 아이들의 결정을 존중한다는 것이다. 부모들은 자녀들이 더 높은 곳에 가도록 지나치게 독려하지 않는다. 학벌에 따른 서열이 한국보다 결코 덜하지 않은 사회임에도 말이다. 물론, 다른 여러 가지 조건들은 그러한 선택을 돕는 힘이 되긴 한다. 국가가 운영하는 은퇴 연금이 아직은 믿을 만하고, 높은 위치에 있는 사람들이 위계를 이용해 함부로 아랫사람들을 다룰 수 없는 제도적 보장이 있으니까. 그래서 이 사회에서는 지위별로 대체로 어울리게, 자신과 맞는 위치에 가 있다. 그리고 적성별로도 자기 선택을 마음에 들어한다.

아이들이 자기 적성과 소질이 뭔지를 알게 해주는 방법들이 좀 더 개발됐으면 좋겠다. 가령, 적성을 파악하는 과정에서 사회에서 잘나가는 분야인가를 따지는 외부 요인은 그 중요도를 좀 아래에 두었으면 좋겠다. 현재 대박 나는 분야가 나중에 쪽박 차는 경우는 지금도 아주 많지 않은가? 조금 이기적으로 생각해 봐도 이제 외부 요인은 최대한 배제하는 것이 맞다.

한참 인기 있던 컴퓨터공학은 이제 정원 채우기를 걱정하는 처지이고, 40세 넘은 사람들까지 몰리던 한의학도 상황이 어려워졌으며, 변호사가 6급 공무원으로 취직했다는 기사도 있다. 상위권 학생들이 너 나 할 것 없이 모여들던 의과대학을 졸업해도 이제는 이전만큼 미래가 보장되지 않는다. 최고의 신붓감으로 추앙받던 여교사들은 요즘 교권 추락으로 자괴감에 시달린다는 이야기들이 많다.

반면, 인기와 무관하게 자기가 진짜 좋아하는 일을 한다면 결국 돈도 훨씬 많이 벌고 인생도 더 행복해진다. 복잡하게 계산하기보다 아주 단순하게 생각해도, 좋아서 선택했다고 하는 것만큼 강력한 동기부여도 없다. 다 이해되는데, 막상 내 자식에게 적용하려면 힘들다고? 사실은 필자에게도 아주 어려운 부분이다. 하지만 이것이 진정 자식들을 위하는 길이 아닐까? "남 따라 살기보다 너만의 인생을 살아라!" 하고 말해 주자. 자녀들이 인생에서 진짜 승자가 될 수 있는 출발점은 바로 거기다.

필기에 관한 소고

필자는 글씨가 엉망이다. 어릴 때 발표력이 좋다는 평은 자주 들어 봤지만, '공책 검사'를 당하는 날에는 불이 나도록 손바닥을 맞는 반전을 겪었다. 반면, 고3 시절 갑자기 친해져 서로의 공부를 망치게 했던 필자의 절친은 글씨가 뛰어나 볼펜으로 썼는데도 붓글씨 같았다. 그는 '글씨는 마음의 창'이라고 필자를 놀리곤 했는데, 그때마다 필자는 '물이 너무 맑으면 고기가 살 수 없다.'고 응수했었다. 다른 대학에 진학한 후로도 친구와 편지를 자주 주고받았다. 편지 봉투를 열 때면 내용을 읽기도 전에 펼쳐진 편지의 글씨에서 감탄사가 먼저 튀어나왔다. 그렇게 멋지게 글씨를 쓰는데도 필기 속도는 나보다 빨랐으니 이해 불가다! 또 다른 넘사벽은 고1 때 한문 선생님이셨다. 칠판 가득 한자를 써두고 설명을 시작하지만, 수업이 끝날 때까지 필자는 선생님과 눈을 맞춘 적이 없었다. 판서된 한자를 베끼는 데 시간이 걸렸기 때문이다. 그래도 귀동냥은 조금 한 덕에, '와신상담臥薪嘗膽'이니 '결초보은結草報恩'이니 하는 사자성어는 몇 개 익혔다.

필기를 없애 버린 컴퓨터는 글씨체가 안 좋은 사람들에게 날개를 달아 주었다. 하지만 글씨를 쓰는 것이나 타이프를 치는 것이나 모두 손동작이라, 손재주 없는 필자는 여전히 독수리 타법이라는 무공만 익혔다. 영어-프랑스어-한글을 섞어서 쓰는 환경에 살다 보니 세 가지 자판을 외우는 것이 도저히 불가하여 내내 고개를 숙이고 있느라 목이 다 아플 지경이다. 그래서 화면에 'dlnefnlsefnlef'처럼 암호 같은 글이 타이프 되는 줄 모르다가, 떨어진 목을 살짝 세우는 순간 신음소리를 내뱉는다. 인공지능 어쩌고 떠들지만, 컴퓨터의 언어 자동 전환 기능은 필자가 필요할 때 먹히지 않는다. 컴퓨터의 가장 큰 약점은 눈치가 없다는 것이다. Made in Korea의 자랑이요 긍지인 카톡 역시, 둔하고 굵은 엄지로 누른 단어들이 확인 전에 전송되니 가끔 민망한 꼴을 당한다.

인간의 기억은 온전하지 않다. 뚜렷하게 기억나는 일임에도 기억과 기록을 비교하면 차이가 날 뿐 아니라, 아예 완전히 다를 때도 있다. 그래서 바로 전에 한 말도 아니라고 우기는 쪽과 분명히 그렇게 말했다고 핏대를 올리는 쪽이 속기록을 가져오라고 싸우는 국회 영상도 본 적이 있다. 아마 발언 당사자는 '하고 싶었던 말'을 기억했겠지만, 속기록은 '입 밖으로 뱉은 말'만 기록했을 것이다. 그래서 기록하는 민족만이 제대로 된 역사를 가질 수 있다. 하지만 여전히 기록에 익숙하지 않은 필자는 몇 번이나 야

심차게 기록을 시작했지만, 항상 용두사미로 끝이 났다. 이런 연유로 우리 집에는 몇 장만 사용한 노트들이 많다. 이제는 문장 기록은 포기하고 키워드만 휴대전화에 적는 것으로 대신하고 있다. 생각이 떠올라도 내용 대신 단어만 적어 두니, 애초 의도와는 다르게 글이 진행되어 엉뚱하게 창작의 기쁨을 누릴 때도 있다.

사정이 이러하여, 솔직히 필자는 필기를 잘하는 사람들에게 약간의 콤플렉스를 느낀다. 너무 비꼬는 투가 될 것 같지만, 지금은 감옥에 계실 한 분을 필자는 가장 중요한 '촛불 공로자'라고 생각한다. 그분의 꼼꼼한 기록이 정황증거들을 확증으로 만들어 주었기 때문이다. 정말 모두가 본받아야 할 공직자상이다. 그분은 '구전이 아니라 기록만이 역사다.'라는 것을 온몸으로 보여 주었다. 그러고 보니 전 정권의 각료 회의 영상 장면을 잠깐 본 기억이 떠오른다. 시간에 쫓기던 초등학교 시절 받아쓰기 시험 때 느꼈던 긴장감이 느껴졌다. 참 겸손하신 분들이다. 평생 수재라는 꼬리표를 달고 살아온 고위 관료들이 여전히 고시 준비생들처럼 꼼꼼하게 필기를 했으니 말이다. 그러다가 우연히 북한의 '현장 지도' 장면 사진을 보게 되었다. 아니! 세상에…. 거기는 책상도 없는 야외에서 선 채로 받아 적는 모범생 엘리트들이 도열해 있었다. 이래서 우리는 한 형제인 것인가? 우리는 확실히 교양미 넘치는 기록의 민족이다.

비아냥은 이 정도로 끝내고, 결론을 지어야겠다. 회의는 의견을 교환하는 자리다. 그래서 원탁을 사용하여 최고 책임자의 위치가 표시 나지 않게 배치하면 더 좋은 토론 분위기가 만들어진다. '원탁의 기사들'이라는 이야기에 나오는 원탁이 그런 의미다. 기다란 테이블에 서열 순으로 앉아 받아 적는 회의는 토론이 아니라 지시다. 회의를 토론이 아니라 지시로 생각하는 사람들은 민주주의의 주적이다. 대책은 한 사람의 머리에서 나올 수 있는 것이 아니며, 신속하게 대응해야 할 자연재해는 인간들의 서열에 관심이 없기 때문이다. 토론으로 모아진 집단 지성의 힘에, 지시라는 강제력이 동반될 때에만 대책이 효력을 발한다. 무작정 받아 적는 회의는 모나미 볼펜의 매출은 올려 줄지 모르지만, 모두의 창의력을 죽여 버린다.

성경에는 기도할 때 골방에서 하라는 말씀이 있다. 남들이 보는 거리에서 드리는 기도는 위선이라고도 했다. 기록도 마찬가지다. 다난했던 일과를 끝내고 자기만의 공간에서 행하는 기록은 자기 성찰의 거울이요, 세월이 지나면 소중한 사료가 되겠지만 '주군'이 보는 앞에서 하는 필기는 아부다. 우리는 언제쯤 노트를 덮어 두고, 서로가 지위를 떠나 자유롭게 토론하는 회의를 볼 수 있을까? 지위는 토론에서는 필요 없지만 실행할 때는 꼭 필요한 것이다. 그런데 그 반대면 정말 최악이다. 이를테면 토론의 결론은 지위로 결정되고, 정작 실행할 때는 지휘 계통이 무시되는 경우 말이다. 그런 단체나 국가는 효율만 나쁜 정도에 그치지 않고 존폐마저 위태롭다.

그런데 흥미롭게도, 충분한 토론 없이 지위로 밀어붙인 결정사항을 실행할라치면, 지휘 계통이 자주 무시되는 것을 볼 수 있다. 아래 실행자들은 "높은 분들 결정이니, 자기들이 알아서 하라고 그래!" 하며 빠진다. 심한 경우 "저런 계획이 잘되면 내가 손가락에 장을 지지지!"라는 억하심정으로 반응하기도 한다. 서로가 충분히 논의하지 않은 결정이기에, 명분도 논리도 없는 탓일 게다. 민주주의는 집단 지성으로 결정하고, 조직적으로 밀고 나가는 사회체계다. 결정은 유연하게, 그러나 집행은 추상秋霜같이 해야 민주주의와 법치주의가 동시에 선다. 그러나 역사를 보면 그게 말처럼 쉽지 않음을 알 수 있다. 그래서 이는 죽을 때까지 씨름해야 할 우리 모두의 연구 과제다.

컴퓨터와 인터넷이 바꾸어 놓은 것

필자는 가끔 유리문으로 내부가 보이는 큰 사무실들을 지나칠 때마다 사람들의 거동을 관찰하는 습관이 있다. 과거 20년 전에도 근무시간에 심심해지면 누구를 찾는 척 돌아다니며 이런 관찰을 했다. 그때 사람들은 대부분 서류철을 뒤척거리고 있었다. 그런데 지금은 다들 컴퓨터 화면을 보고 앉아 있다. 타이핑하던 사람들에게는 "커피 한잔 어때요?" 하면 "이거 지금 바로 좀 보내야 돼서…."라고 거절이 들어올 때가 많지만, 마우스를 만지작거리는 사람들은 기다렸다는 듯이 따라 나오는 경우가 많다.

사무실보다 더 변한 것은 아이들 놀이문화다. 논다는 것이 곧 컴퓨터 게임을 하는 것과 동의어인 한국 애들이 많다고 한다. 그래서 물어봤더니 정말 애들 대부분이 시간만 나면 인터넷을 한단다. 컴퓨터 게임을 하는 애들은 손과 눈은 바쁘게 움직이지만 입을 사용할 기회는 신음이나 감탄 같은 외마디나 단문이 고작이고 긴 대화는 거의 없다.

필자가 어렸을 때는 놀이가 주로 자치기, 구슬치기, 축구 등이었는데 놀이를 시작하기 전에 규칙을 정하느라 협상과 중재로 시간을 끌었다. 그래서 왕따와 싸움질, 배반과 의리가 놀이 속에 혼재되어 있었다. 자치기의 경우는 상대가 무리하게 거리를 불러서, 날이 저물 때까지 막대기로 같은 거리를 몇 번이나 재는 오기를 부린 적도 있었다. 옛날 놀이가 다 좋다는 것은 아니지만, 직접 몸을 움직이며 놀았기에 반세기가 지난 지금도 기억에 또렷하다. 그런데 주변 상황을 인지할 필요가 없는 컴퓨터 게임은 몇 년이 지나면 어떤 기억으로 남을까?

회상할 수 있는 어린 시절이 있다는 것은 중요한 일이다. 좋은 추억은 또한 자기가 인생의 많은 부분을 다른 사람들에게 빚지고 있다는 생각 때문에 극단적인 행위나 범죄를 막는 작용도 한다. 그런데 지금 어린 세대들에게 그런 추억이 충분히 쌓이고 있는지 염려스럽다. 사회에서는 점수로 등급이 결정되고, 놀 때는 살을 맞대는 부대낌 없이 가상현실이나 즐겨야 하는 컴퓨터 세대가 좀 가엾다.

디지털보다 아날로그 시대를 동경하는 이런 생각이 너무 구시대적일까? 늙은이들은 입만 열면 옛날이 좋았다고 한다며 넌더리를 낼 젊은이들도 많을 것 같다. 그래서 나름, 디지털보다 아날로그가 좋다는 증거를 준비해 봤다. 요즘 디지털카메라를 쓰는 사람이 워낙 많다. 다들 필름 부담이 없으니 사진을 마구 찍어 대고, 그 수많은 사진을 컴퓨터에 보관하고 있을 것이다. 하지만 필요한 사진을 찾을 때, 한 장 한 장 펼쳐 보는 구식 앨범보다 쉽게 찾아지던가? 찾기라면 극강 고수인 컴퓨터의 검색 기능에 도움을 받는데도, 오히려 재래식 앨범보다 사진 찾기가 더 어렵다. 개성 없는 장소에, 개성 없는 이름으로 잔뜩 보관되어 있는 기억이어서 그렇다. 반면, 책처럼 넘길 수 있는 앨범에 넣어 둔 사진들은 정확한 공간을 가지고 있다. 그리고 앨범에 인화된 사진을 붙이는 과정이 있었기에 사진 자체도 잊을 수가 없다. 위에서 말한 공간과 몸 전체의 움직임이 엮인 운동에 관한 추억과 엄지손가락만 움직이는 컴퓨터 게임의 추억이 다른 이유처럼 말이다.

디지털카메라 시절부터는 사진을 찍는 즐거움만 있고, 그 후에 추억을 되짚는 즐거움은 현저하게 줄었다. 부지런히 앨범을 만들지 않은 탓이다. 그래서 우리 아이들 책꽂이에 언제나 펼쳐 볼 수 있는 앨범을 만들어 꽂아주고, 좋은 추억을 쉽게 꺼내서 자주 회상할 수 있도록 만들어 주면 참 좋을 것 같다.

핵폐기물이 고고학을 만나다

후쿠시마 사고 이후 시간이 꽤 지났지만 핵발전소는 여전히 뜨거운 감자다. 핵발전을 바로 멈출 수도 없고 그렇다고 지속하기도 꺼림직하다. 계획은 보류하면 되겠지만 이미 가동 중인 발전소, 그중에서도 노후 발전소들은 처리가 어렵다. 핵발전소를 폐기하려면 가동을 중단한 후 발전소 전체 시설을 뜯어내 '특별 쓰레기장'으로 옮기고, 빈 발전소의 부지도 몇십 년간 출입을 통제해야 한다. 한편에선 오래된 원전들이 설비 대부분을 바꾸었기에 사실상 거의 새것이라는 주장도 있지만, 영원히 바꿀 수 없는 부분이 분명 있다. 그래서 정부는 원전 전면 중단이라고 결정했으면서도, 단칼에 실행에 옮기지 못하고 어정쩡한 자세로 시간을 보내고 있다. 이와 관련하여 「렉스프레스L'Express」에 실린 흥미로운 기사를 정리해 보았다. (렉스

프레스는 프랑스의 권위 있는 시사주간지 중 하나다.)

프랑스에서는 북동쪽 룩셈부르크 인접 지역에 영구 핵폐기물 저장소를 건설 중이라고 한다. 500m를 파 내려간 지하에 1.5km²의 '핵폐기물 지하 공동묘지'를 만들고 있는 것이다. 지진이나 해일로부터 가장 안전한 지역 중에 선택했을 것이긴 하나, 독일-벨기에-룩셈부르크가 지척에 있는 곳인데도 인접 국가들이 항의한다는 소식이 없다. 그런데 이 공동묘지의 방사능 위험은 지금으로부터 자그마치 30만 년이 지나야 완전히 안전해진단다. 10만 년이 지나도 여전히 위험이 가시지 않는다. 기록을 보유한 인간의 역사는 아직 1만 년이 안 된다. 그러면 후손들에게 여기 바로 아래에 핵폐기물 공동묘지가 있다는 사실을 어떻게 알릴 수 있을까?

일단은 국가기록물 저장소에 디지털과 종이 문서로 이 사실을 남길 테지만, 디지털 기록은 500년 이상을 못 가고 지워질 가능성이 높다. 종이 문서는 특수 처리를 하면 일반적인 상황보다는 오래가겠지만 디지털 기록물과 달리 쉽게 찾을 수가 없다. 그나마 디지털 정보를 사파이어 디스크에 기록해 두면 수명이 오래간다고 하니, 디지털 기록은 사파이어 디스크에 기록하는 것이 좋겠다. 그래도, 어떤 방법을 쓰더라도 그 많은 문서들은 10만 년 후엔 접근이 쉽지 않거나 남아 있지 않을 것이다.

언어도 문제다. 어떤 언어로 핵폐기물 정보를 기록하는 것이 좋을지 언어학자들에게 자문을 구했는데, 언어학자들은 지금은 사어가 된 라틴어나 고대 그리스어를 추천했다. 이 두 언어는 일상에서는 사용되지 않지만 학자들에게는 계속 전해져 해독이 가능할 것이며, 무엇보다도 죽은 언어이기에 세월과 더불어 용례가 바뀌지 않는 장점이 있다. 예를 들면, 우리말 '세수洗手'의 원뜻은 분명 손만 씻는 것인데 지금은 얼굴을 씻는 의미로 사용되고 있다. 핵폐기물 처리를 위해 기록된 문서에, '이 박스를 정리한 후 반드시 세수를 할 것!'이라고 적어 둔 지침이 있다고 하자. 용례가 바뀌기 전에 박스를 발견하고 정리했다면 손만 씻을 것이고, 용례가 바뀐 한참 후에 박스를 옮기는 사람은 얼굴까지 열심히 씻을 것이다. 그래서 결국 라틴어-불어-영어로 지침을 기록하기로 했단다.

그리고 그 지침에는 "절대 파헤치면 안 됨!" 등의 문구는 제외시킨다고 한다. 도굴꾼들이 이런 지침을 본다면 보물이 있는 줄 알고 필사적으로 달려들 것이고, 학자들이라면 궁금증을 이기지 못해 파볼 것이기 때문이란다. 참 재미있는 고민들을 창의적으로 했다. 이 정도라면 먼 미래의 후손들과 소통하려고 엄청난 연구를 한 것이다.

이런 기록과 관련한 이야기로 일본 사례도 잠깐 등장한다. 일본의 선조들은 쓰나미가 있을 때마다 어디까지 물이 들어왔는지를 비석에 기록해 두었다고 한다. 이런 쓰나미 기록처럼 고대에 만들어진 거석문화들도 무언가 선조들이 후손들에게 전해 줄 이야기가 있어 만들었을 텐데, 문제는 우리가 그 속뜻을 읽을 수 없는 것이다.

전문가들은 핵폐기물과 관련해 기록을 남기는 정도로는 오랜 세월을 이기기 어렵다고 보고, 다른 조언도 했다. '핵폐기물 공동묘지'가 있는 동네 이름이 'Bure'인데, 동네 이름을 아예 'Bure sur Atomes'로 하자는 주장이다. '(핵)원자들 위에 위치한 Bure'라는 뜻이다. 동네 이름은 세월과 더불어 바뀌지 않을 것이고, 그러면 10만 년 후의 후손들도 '핵폐기물 지하 공동묘지'의 존재를 어느 정도 추측할 수 있지 않겠느냐는 것이다. 이렇듯 후손들까지 깊이 생각하는 정책 토론은 참 감동적이다. 그리고 더 신기한 것은 이런 구차해 보이는 논의까지 진행되어도 프랑스에서는 반핵운동이 심각하지 않다는 점이다. 나라가 약해서 철저히 유린당했던 제2차 세계대전의 상흔과, 70년대 초 직격탄을 맞았던 에너지 파동의 여파가 아직 프랑스인들 마음에 남아 있기 때문이 아닐까? 쉽게 말하면, "이래 죽으나 저래 죽으나 마찬가지라면, 주체적으로 죽자!"는 비장함의 결론이다.

요지부동 인문학,
상전벽해 이공학

요즘은 인문학이 대세여서, 잘나가는 CEO들을 초청해 우아한 인문학 강의를 듣는 과정이 많다. 그동안 성과에만 몰두했는데 이제는 철학도 좀 갖추라는 것이다. 장자와 칸트의 철학도 현시대에는 새롭게 해석해야 한다며 다양한 레퍼토리의 강의를 봤다. 인문학에 시비 걸려는 듯 글이 좀 삐딱한데, 인문학 쪽이 장사가 좀 된다고 질투 나서 하는 말은 아니다. 과학기술계의 처지가 딱해서 그런 거다.

서양에서 고전이라고 불리는 가장 오래된 책은 호머(BC 850년경)의 『일리아드』와 『오디세이』라고 할 수 있다. 호머의 두 작품은 영어권 고등학교에서 교재로도 많이 읽힌다. 이 작품들은 서사시인데, 폼 날 것 같아서 나도 영어판으로 좀 읽어 봤다. 그러다가 시대를 내려오면 셰익스피어(1600년경), 제인 오스틴(여류작가, 1800년경), 찰스 디킨스(1850년경) 등의 작품이 영어권 학교에서 자주 다뤄진다. 프랑스의 경우는 몰리에르(1650년경), 빅토르 위고(1850년경) 같은 작가가 교과서에 자주 나온다. 우리 아이들이 어떤 커리큘럼으로 공부하는지 어깨 너머로 자주 넘겨보아서 이 정도는 안다.

자, 이제 과학기술에서의 고전과 비교해 보자. 기하학의 원조인 유클리드(BC 300년경)는 호머보다 시대가 조금 늦지만 비슷한 지역에서 활동했다. 그가 썼다는 『기하학 원론』은 '이공계판 오디세이'에 해당한다. 하지만 유클리드의 책은 호머와 다르게 아무도 안 읽는다. 뉴턴이 사과가 떨어지는 비밀을 밝힌 시기는 대략 1700년경이다. 그가 쓴 『자연철학의 수학적 원리』라는 책은 인류 역사상 최고의 가치를 지닌 책일 것이다. 뉴턴의 책이 나오기 한참 전 셰익스피어의 『햄릿』이 탄생했고, 뉴턴의 책이 나온 약 반세기 후에, 같은 영국에서 로빈슨 크루소의 『걸리버 여행기』가 나왔다. 그런데 지금 어떤가? 셰익스피어의 연극과 책은 왕성한 인기를 모으고 있고 『걸리버 여행기』는 어린이들의 필독서다. 반면 뉴턴의 책은 아무도 읽지 않는다. 심지어 물리학과나 기계공학과에서도 이공계의 성경책 같은 『자연철학의 수학적 원리』를 읽지 않는다. 왜 그럴까? 현재의 과학적 시각과 잣대로 보면 미숙한 부분이 있기 때문이다. 원래 과학 이론들이란 현대과학으로 보면 부족하거나 아쉬운 부분이 많다.

인문학은 어떠한가? 틀리느냐 맞느냐가 그리 중요하지 않다. 세월이 변해도 인간의 욕망이나 사랑의 감정 같은 원초적 본능은 그대로여서, 몇백 년 전 작품들도 이해하기 어렵지 않다. 당시의 사회윤리와 가치관이 현재와 조금 다른 경우만 어색한 정도다. 예를 들면, 사람 목숨을 너무 쉽게 생각했고 형벌도 지나치게 잔인했다는 점, 여자와 아이들의 인권은 상당히 무시되었다는 점 등이다. 사실 이런 부분들이 개선된 것도 그리 오랜 일이 아니다. 성인 여성들이 참정권을 갖게 된 것은 아주 최근이니 말이다. 지금은 세계 최고의 인권국가를 자처하는 미국과 영국도 제1차 대전이 끝난 이후인 1920~1930년대에, 프랑스는 제2차 대전이 끝나고 나서 여성들에게 투표권을 줬다. 믿기 어려운 이야기를 하나 더 한다면, 아이비리그 대학 학부들이 여학생을 받기 시작한 것은 1970년부터다. 거짓말 같지만 사실이다. 인문학의 기본 사상이어야 할 인간 평등은 1915년경에 이미 정립된 과학계의 상대성 이론보다도 반세기 이상 지각생인 것이다.

인문학은 현대사회의 가치를 정립하는 데 있어서 과학보다 훨씬 지각생이지만 시대를 초월해서 우려먹는다. 아니 재탕, 삼탕으로 우릴수록 오히려 진국이다. 하지만 불행하게도 과학기술계에서는 옛날에 배운 것만 반복하면 쪽박이다. 변화가 너무 심하다 보니 너도나도 간판만 일단 '첨단'이라고 걸어 두고는 무엇을 해야 할지 몰라 두리번거리는 모양새다. 컴퓨팅 환경도 너무나 빨리 변해서 어안이 벙벙하다. 우리가 전파를 아는지 모르는지를 물어볼 사이도 없이 이미 와이파이에 길들여졌다.

이렇게 변화가 빠르니 왕년에 해온 것으로 적당히 살아가려는 사람들은 전투력을 상실한 지 오래되어, 연구 개발은 젊은 세대에 맡기고 관리만 한다. 이런 분들이 계급장 떼고 취업 시장에 진출하면 과연 경쟁력이 있을까? 가까스로 취직했다고 해도 아마 며칠 만에 퇴출될 것이다. 하지만 인문 사회 쪽에서는 수십 년 전에 붙은 고시나 학위 하나만 있으면 평생 먹고사는 것을 크게 걱정하지 않는다. 그렇게 보면 이공계 쪽 삶은 너무 고달픈 게 아닌가 하는 생각도 든다.

필자는 컴퓨터 시뮬레이션 업무를 30년 정도 하고 있다. 늘 쏟아지는 새로운 프로그램 때문에, 자존심은 전당포에 맡기고 젊은 연구자들에게 자주 물어봐야 한다. 링 밖에서 코치를 해야 할 나이인데도, 필자처럼 여전히 링 위에서 뛰느라 힘든 사람들도 많을 것이다. 하지만 어쩌랴? 기왕지사 이렇게 된 것, 링에서 죽는 것을 오히려 명예로 알고 쓰러지는 날까지 열심히 싸워야지…. 사실 늘 새로운 것이 쏟아지는 이공계에서 즐기며 살려면 항상 깨어 있는 수밖에 없다. 그래서 관록에만 의지하지 말고 자기계발 에너지를 찾아보았으면 한다. 자기 자신을 가꾸고 세우지 않는다면, 행복할 수도 없고 지속가능한 삶도 없으니까.

정보화 시대에서 개념화 시대로

이전의 컴퓨터 프로그래밍에서는 메모리를 아껴 쓰는 알고리즘이 중요했다. 그래서 한 번 사용한 메모리 위에 변수를 덮어 쓰고 다시 지우기를 반복하는 알고리즘들이 프로그래머들을 골탕 먹였다. 조금 실수하면 이미 바뀐 값을 불러오는 경우가 생겼기 때문이다. 하지만 요즘 프로그래밍에서는 이런 궁색한 짓을 할 필요가 없다. 거의 무한대에 가까운 메모리를 사용하니까.

쉽게 말하면 옛날에는 노트에 빡빡하게 필기했지만, 생활이 넉넉해진 요즈음은 빈 곳이 많이 남은 노트인데도 버리는 것처럼 메모리가 남아돈다는 말이다. 비싸던 컴퓨터 메모리가 지금은 아주 넉넉해져서 USB 키 하나가 이전의 컴퓨터 용량 전체만 하다. 과학계도 향상된 컴퓨팅 기술과 메모리를 사용하여 섬세한 그래픽을 만드니 비주얼이 좋아졌다. 계산 결과를 발표할 때는 영화같이 화려한 애니메이션이 이용된다.

이전에는 시뮬레이션하는 사람들의 실력 차이는 문제를 얼마나 적절히 단순화하느냐에 달려 있었다. 어떤 부분은 복잡해도 타협하지 않고 그대로 계산에 넣었고, 덜 중요한 부분들은 간단하게 바꾸었다. 사용 가능한 메모리 양이 충분하지 못했기 때문이다. 그런데 컴퓨터 용량이 커진 후부터는 모든 데이터를 거의 원형 그대로 사용한다. 고객들 입장에서는 훨씬 보기에 좋다. 시뮬레이션이 실제 상황에 좀 더 근접한 것처럼 보이니까. 하지만 결과가 사실에 더 가까울지에 대해서는 보장 못 한다. 결과가 좋아 보여도 너무 복잡해서 이해가 쉽지 않다. 그래서 답을 다 얻고도 '숨은 그림 찾기' 하듯 정답을 재해석해야 하는 경우가 대부분이다.

일반 사회에서는 어떨까? 대용량 동영상이 바로바로 공유되고, 어마어마한 양의 국내외 소식들이 실시간으로 쏟아진다. 사소한 정보까지도 검색할 수 있어서 해외 여행자들은 빈틈없이 계획을 잡을 수 있다. 그 덕에 우연을 만나기 위해 집을 떠나는 여행은, 어느새 필연을 확인하는 과정으로 변해 버렸다. 우연을 배제하면 여행은 그만큼 더 재미가 없어진다. GPS의 도움을 받아 운전하면 동일 지역을 여러 번 방문해도 늘 지나온 길이 언제나 생소하다. 그래서 필자는 요즈음도 낮 시간에는 주로 지도에 의존하여 운전한다.

정보가 많아지면서 시시껄렁한 정보에 묻혀 진짜 정보가 많이 가려 있고, 꼭 알아야 할 것들보다 알고 싶은 것에만 집착하다 보니 오히려 편협해지기 쉽다. 화려한 비주얼에 현혹되다 보면 기본을 무시하는 경우가 생긴다. 화려한 그래픽에 빠져, '왜 하는가? 꼭 그래야 하나?' 등의 당연히 싶어 보아야 할 당위성 검토는 잠시 잊게 된다. 여러분 인생에서 가장 기억에 남는 사진이 무엇인지 기억할 수 있는가? 혹시 한 장의 빛바랜 흑백 사진이 아닌지? 컬러가 담을 수 없는 3차원적 깊이를 담은 사진 말이다. 과학계에도 흑백사진처럼 명암만으로 담백한 진실을 담아내는 필터가 필요하다. 많은 변수들이 저마다 중요하다고 소개된다면, 난잡하고 의미 없는 컬러 사진들을 넘기는 것일 뿐이다.

기성세대는 젊은이들의 빠른 걸음을 이제 못 따라가겠다고 좌절할 것이 아니라, 그들에게 흑백사진 같은 깊이를 줄 수 있는 내공을 쌓아야 한다. 노를 빨리 젓는 것이 젊은이들의 몫이라면, 방향키 조정은 기성세대의 책임이다. 이제는 정보 습득보다 정보가 주는 의미를 정확히 이해하는 것이 더 중요한 시대다. 우리는 바야흐로 '정보화 시대'를 지나 '개념화 시대'로 가는 길목에 있다.

성숙기 사회를 위해 준비해야 할 것들

한국 사회는 이제 성장기를 끝내고 성숙기로 들어가고 있다. 성장기는 모든 것이 신나는 시절이다. 뛰어놀아도 피곤하지 않고 아무거나 먹어도 소화가 잘된다. 우울할 일도 별로 없어서 떨어지는 낙엽을 보고도 깔깔댄다. 반면 성숙기가 되면 괜히 외로워지고 인생에서 재미보다는 책임이 커져서 좀 지루해진다. 언제나 성장기에 머물 수만은 없으니, 한국 사회는 이제 성숙을 위한 준비가 필요하다. 성장에서 성숙으로 가야 하는 운명은 한국의 과학기술계도 마찬가지로 적용될 것이다. 사회가 성장을 끝내고 성숙기로 들어가면 어떤 것들이 바뀔까 한번 생각해 봤다.

첫째, 성장이 둔해져 모든 분야에서 포화 현상이 생긴다. 소금을 물에 탈 때 처음에는 저어 주지 않아도 잘 녹지만, 소금을 너무 많이 넣으면 아무리 저어도 소금이 물에 녹지 않는다. 받아들일 수 있는 수요는 한정적인데 공급이 너무 많아지면 소금처럼 더 이상 사람이 녹아들 수 없는 사회가 된다. 사람이든 상품이든 넘쳐나니까 취업도 장사도 어려워진다. 이런 포화 상태에서 탈출할 만한 방법이 무엇일까? 계속 소금만 넣는 것은 답이 아니다. 오히려 설탕이나 다른 것들을 넣어 봐야 한다. 이것을 과학기술에 적용해 본다면, 특화 산업이나 기술을 정해서 올인하는 습관을 바꾸어 다양한 방향을 시도해 보는 것이다.

둘째, 성숙기 초기에는 성장기를 통한 성공에도 불구하고 여전히 2%가 모자란다. 웬만한 기술은 다 있는데 화룡점정의 한 수가 부족한 것이다. 마지막 2%는 양적인 목표가 아니라 질적인 목표이기 때문에 어렵다. 익숙하게 해오던 방식을 멀리 두고, 낯설게 느끼려고 노력하며 근본적인 질문을 해보자. 한국 사회가 개인의 창의력을 고무하기 전에 사회시스템이 창의력을 받아들일 준비가 되어 있어야 한다. '백마 타고 오는 초인'을 기다리는 것이 아니라 우리 속에서 '큰 바위 얼굴'을 만들어야 본질적으로 문제를 해결할 수 있다.

셋째, 빠른 성장기에 얻은 빠른 성공으로 사회 전체가 자기 과신에 가득 찬다. 그래서 남의 것, 다른 것을 받아들이지 못한다. 세계 초일류라고 주장하는 삼성그룹에서 자체 조사한 결과, 직원들의 근무 만족도가 아주 낮다는 보고서를 본 적이 있다. 최고 기업은 우선 구성원들이 행복하고 자기 일에 만족해야 한다. 스스로 동기를 부여해야지 경쟁으로만 만들어진 성과로는 지속 성장이 어렵다. "행복하지 않아도, 우리는 최고니까 싫으면 나가라!"든가 "당신 아니라도 사람은 얼마든지 있다."고 하는 살벌한 기업 문화 때문에 젊은이들은 최고의 기업보다 공무원이나 공사를 선호하고 엘리트들은 의사, 변호사, 대학교수가 되기를 원하는 사회라면 지속 성장이 어렵다.

넷째, 성숙기 사회가 되면 고령화를 구체적으로 준비하는 일이 중요해진다. 지금은 나이로 정년을 정한다. 젊은이들에게 일자리를 주려고 조기 은퇴를 권장하지만, 속을 들여다보면 그렇게 은퇴한 부모 세대를 갓 취직한 젊은이들이 먹여 살려야 한다. 국가가 도와주는 것도 한계가 있으니 노년층 스스로 벌이가 가능해야 한다. 그래야 국민의 삶이 더 건강해지고 사회적인 부담도 줄어든다. 임금 피크제 도입을 확대하고 근무 정년제가 아니라 계급 정년제로 해서, 나이 든 사람들은 매니저보다는 전문가로서 조언하면 좋을 것 같다. 중소기업은 변덕스러운 국내 대기업에 납품하는 것만으로는 생존이 불안하다. 일본의 몇몇 중소기업들처럼 아예 은퇴자들 위주로 꾸려지는 기업을 볼 수는 없을까? 은퇴 전문가 1명에 젊은 사원 2~3명이 한 팀을 이루는 편성이면 효율이 높지 않을까? 전문성이나 능력에 관계없이 나이로 퇴직을 강요하는 사회가 한편으로는 이해가 되면서도, 다른 한편으로는 고려장이 재현되는 것 같아 섬뜩하기도 하다. 노년층도 계속 일하기를 원한다면, 자기 전문성뿐만 아니라 컴퓨터로 서류 작성하기와 계산하기 같은 기본 기능을 충분히 익혀야 할 것이다.

과학기술계뿐만 아니라, 사회 전체가 다 함께 지속 성장이 가능한 성숙을 고민해 보았으면 좋겠다.

개인주의는 이기주의가 아니다

한국에는 여전히 개인주의가 발붙일 땅이 없어 보인다. 개인주의는 이기주의와 같거나 비슷한 말이라고 오해하기 때문이다. 사실 개인주의와 이기주의가 완전히 다르지는 않겠지만, 개인주의는 이기주의라는 오해를 받더라도 쉽게 포기해서는 안 될 절대적 가치다. 인간은 개인으로 태어나 개인으로 살다 결국 개인으로 죽게 되니까.

아마 한국에서 살다 보면 개인주의의 부재가 주는 불편이나 '억압'이 그렇게 심각하게 느껴지지 않을 것이다. 하지만 외부에서 한국 사회를 볼 때는 이 문제가 아주 심각하게 다가온다. 북한 학생들이 경기장에서 일사불란하게 카드섹션을 펼치는 화면을 본 적이 있을 것이다. 그러한 질서 정연함을 보며 아름답기보다 끔찍하다는 생각이 들지 않던가? 집단화 속에서 개인은 오직 전체의 부품으로만 존재한다는 메시지가 느껴지기 때문이다. 그런데 서구인들이 한국 사회를 깊숙이 들여다본다면, 아마도 우리가 북한의 카드섹션을 보며 느꼈던 것과 비슷한 생각을 할 것이다. 어떤 분류에 의해 비슷한 사람끼리 집단화되고 그 속에서 나이나 지위로 자기에게 해당되는 위계를 부여받아야 하며, 그 위계질서에 맞게 행동해야 하는 곳이 한국 사회라고 할 수 있다.

개인을 묵살하고 단체적으로, 집단적으로 움직이는 것은 당면한 목표에는 아주 효율적이다. 군대가 대표적이다. 당장 보이는 적과 죽기 살기로 싸우려면 개인의 어리광을 다 받아 줄 수가 없다. 그동안 우리는 눈에 보이는 북한이라는 주적 때문에 효율화된 집단화를 용인했다. 마침 우리가 가지고 있던 전통 유교문화와도 잘 맞아서 집단문화가 경제적 기적을 이루는 원동력으로도 기여했다.

하지만 눈에 보이지 않는 적과 장기적으로 싸울 때, 또는 전선이 구체적으로 형성되지 않는 게릴라전을 해야 할 때에는 집단적 지휘 체계를 가진 군대는 움직임이 둔해진다. 정보전과 매복-기습으로 반복되는 지리멸렬한 전쟁에서는 현장의 하급 지휘관과 각 개인의 판단이 더 중요한 법이다.

요즘 창의성을 키워야 한다는 논의들이 많다. 하지만 집단주의와 수직적 위계 구도를 탈피하지 못한 채 창의성을 논하는 것은, 마치 따뜻한 아이스크림을 먹고 싶다고 말하는 것과 같은 블랙코미디다. 이제 집단주의가 효율적인 시대는 지났다. 가령 경제 전쟁, 사회 안전망 구축, 한반도 평화, 행복한 사회 만들기 등은 싸울 대상이 분명히 정해져 있지 않다. 이제는 유교와 반공이 건설한 집단주의와 위계주의에서 서서히 벗어나 개인주의를 인정해야 할 때다.

인류 역사는 각성된 소수의 개인들이 화두를 던진 후 깨달은 민중이 그 뒤를 따르면서 계몽되어 온 역사다. 뜨거운 열에 녹았던 쇠가 굳을 때도 전체가 서서히 굳어지는 것이 아니라, 액체인 쇳물에서 작은 점 같은 '씨앗'이 생기기 시작한다. 이 작은 고체 씨앗들이 커지면서 주변 고체 씨앗들을 사방에서 만나게 되면 쇠 전체가 굳어지는 것이다. 창조적 소수가 사회 전체를 만들 수는 없지만 최초의 동기는 제공할 수 있다. 한국 현대사에서도 김주열, 전태열, 박종철, 이한열 같은 사람들이 사회 전체를 움직이지는 못했지만, 한 사회가 민주화되는 기폭제였던 것처럼. 이런 기폭제가 더욱 자유롭게 작용하려면 개개인에게 남과 다를 수 있는 자유를 인정해줘야 한다. 요즘 젊은이들이 너무 튀어서 골치 아픈데, 창의성을 볼모로 개인주의를 용인하자는 의견은 위험하다는 생각이 들 수도 있다. 이와 관련해서 필자가 한국을 방문할 때마다 느끼는 집단주의적 상징에 대해 이야기해 보려고 한다.

대부분의 도시인들은 아파트에 사는데, 이것 역시 집단화의 효율을 최대화한 한국식 역작이다. 좁은 국토에 최고로 적합한 주거 방식이 아파트라서 아파트 자체를 문제라고 할 수는 없다. 그런데 구조가 똑같은데 건물 전체에서 TV 두는 위치까지 똑같다. 더군다나 응접세트는 서로가 마주 앉는 방식이 아니라 TV를 같이 시청하는 형식으로 놓여 있다. 밤 시간에 바깥에 나와서 자신이 살고 있는 고층 아파트를 한번 올려다보라. 집집마다 켜진 TV 불빛은 동일한 위치에서 새어 나오고, 시청률이 높은 드라마가 방영되는 시간대에는 화면이 바뀌는 것까지 똑같다. 마치 싱크로나이즈드 스위밍을 보는 기분이다. 사는 공간부터 좀 색다르고 개성 있게 만드는 것은 자라나는 아이들 정서에도 미치는 영향이 상당히 클 것이다.

개인주의는 이기주의와 구별되어 존중받아야 하며, 개인이 전체에 눌리지 않는 사회가 좋은 사회다. 정신세계에서든 패션에서든, 나만의 스타일이 있어야 한다는 사실을 절대 잊지 않길 바란다.

PART 3

과학으로 철학하기

물같은 사람,
물처럼 사는 사람

"사람을 물로 보나?"라는 말은 누가 우리를 무시할 때 화가 나서 하는 말이다. 하지만 인체의 대부분은 물로 구성되어 있으니, 아이러니하게도 사람을 물로 보는 것은 아주 과학적인 시각이다. 시멘트로 만들어진 사무실과 아파트를 들락거리며 철강으로 만들어진 자동차나 지하철에 몸을 싣고 다니는 우리가 보는 세상은 대부분 고체로 이루어진 것 같다. 하지만 우주에 나가서 찍은 인공위성 사진을 보면 지구에는 고체 구조물이라고는 전혀 보이지 않고 망망대해의 푸른 바다만 그 존재감을 과시할 뿐이다. 지표의 4분의 3이 물로 덮여 있는 '물 위성'이 바로 지구다.

물은 그렇게 무르기만 한 존재도 아니다. 일본 센다이의 쓰나미나 미국 뉴올리언스의 댐을 넘어 덮쳐 온 성난 물길은 인간의 힘으로는 감히 막을 수 없는 것이었다. 아름다운 음악을 연주하며 맵시 있게 흐르는 시냇물과는 전혀 다르게, 가느다란 물줄기가 강철판을 두 동강 내는 워터제트머신 Water Jet Machine을 본 사람이라면 물의 이중성에 놀라움을 금치 못할 것이다. 고여 있는 물은 산들바람에 흔들리며 졸고 있는 것 같지만, 물은 쉼 없이 압력을 점검하고 있다가 틈만 생기면 사정없이 덮쳐 버리는 사자 같은 정중동의 균형과 조화를 가졌다.

또한 물은 자신의 속내를 감추지 않고 투명하게 다 보여 주는 오픈 마인드인 듯하지만, 참을 수 없이 가벼운 녀석들은 띄워 버려 안으로 들이지도 않으며 무겁다고 자랑하는 놈들은 아래로 가라앉혀 '물을 먹여 버리는' 준엄함도 갖추었다. 그래서 과학적으로 판단한다면 물 같은 사람은 줏대 없는 사람이 아니라 오히려 용의주도한 사람이라는 표현과 더 잘 어울린다.

물은 기온이 낮아지면 딱딱한 얼음으로 변하고 뜨거워지면 춤추는 증기로 변하여 분위기를 맞출 줄도 안다. 어떤 그릇에 들어가든지 자기 형상을 버리고 상대의 비위에 맞추어 변신하지만 압력을 가한다고 주눅이 들어 부피가 작아지는 일 따위는 결코 없다. 주위와 어울릴 줄 알되 자신의 개성을 버리지 않는, '화이부동和而不同'이라는 군자의 격조를 갖추고 있는 것이다. 과학적으로 물이 중요한 이유는 여러 가지 화학 요소들을 녹여 내고 골고루 섞어 반응을 주도하는 지휘자 역할을 해내기 때문이다.

그리고 물은 그렇게 만들어진 '칵테일'들을 필요한 장소로 배달하는 운반책이기도 하다. 같은 유체인 기체도 운반책의 일정 부분을 맡지만 물만큼 배달 사고 없이 성실하게 운반하지는 못한다. 그래서 중요한 역할을 하는 운반책은 다 물이다. 소화효소, 땀, 오줌, 침, 혈액이나 종족 보존을 위한 정액에 이르기까지 모두 물이 중요 성분을 담아 운반한다. 물은 이렇게 조합과 소통을 책임지는, 축구장의 지네딘 지단 같은 플레이어이다.

결국 모든 더러움을 씻어 주는 액체는 물이다. 우리가 애들에게 "밖에서 놀았으니, 손 씻고 밥 먹어야지!"라고 이야기할 때, 그 문장 속에 '물'이라는 단어는 등장하지 않지만 '씻다'는 말은 당연히 물과 결합된다. 다쳐서 소독하는 예외적인 경우에만 "알코올로 씻어 내고…"라며 다른 액체를 특정할 뿐이다. 얼마나 세정 능력이 뛰어난 것인지, 세례식에서는 인간의 죄까지도 씻어 내는 상징적인 액체가 물이다. 맹물로도 마시고 커피를 타 마시고, 매일 샤워하느라 덮어쓰고. 물은 생명에게 꼭 필요하다는 말로 부족할 만큼 생명 그 자체라고 말해도 좋을 것이다.

좀 오래전에 프랑스의 일간지 「르몽드Le Monde」는 3월 22일 '세계 물의 날' 사설을 통해, 전 세계 인구의 60%가 모여 사는 아시아에서 물 문제는 아주 심각한 문제를 야기할 수 있다고 지적했다. 보리 1kg을 생산하려면 1,000~2,000L의 물이 필요한데, 1,000L면 아파트에 있는 욕조 3개를 가득 채우는 분량이다. 보리는 상대적으로 물이 많이 필요하지 않은 작물인데 말이다. 쌀 1kg을 생산하려면 훨씬 더 많은 물이 소비된다. 그런데 소고기 1kg을 생산하려면 보리의 무려 10배인 1만 3,000~1만 5,000L의 물이 소요된다.

물의 절대량도 문제지만, 깨끗한 물을 얼마나 확보하느냐도 중요하다. 옛날에는 홍수나 가뭄의 피해를 줄이려고 치산치수를 했는데 이제는 마실

물을 걱정하게 되었으니, 어쩌면 지구온난화보다 더 심각한 문제일지 모른다. 나중에는 휘발유보다 식수가 더 비싼 시대가 오지 않을까? 물을 물로 보았다가는 정말 큰코다친다. 천문학적인 돈을 들여 화성 같은 다른 행성을 방문하면서까지 그렇게 찾고 싶어 하는 것도 결국 물이다. 미래에는 환경 선진국인 호주, 캐나다, 스웨덴 같은 나라들이 오늘날의 산유국 행세를 할지도 모른다. 석유수출국기구인 OPEC 대신 'OWEC (Organization of the Water Exporting Countries)'이라는 단체를 만들어 다른 나라들의 경제를 주무르는 상황 말이다. 환경을 무시하다가 나중에는 최신형 휴대전화 하나 주고 겨우 물 한 병 받아오는 무역을 하게 될 수도 있다.

물과 비즈니스를 연결시킨 최초의 인물은 대동강 물을 팔아먹었다는 봉이 김선달이겠으나, 비교적 최근인 1986년 전두환 대통령 시절에 '평화의 댐'이라는 엄청난 '정치 공작'이 있었다. 북한이 금강산에 댐을 막아 물을 모아 두었다가 터뜨려 서울을 수장시키려 한다며, 우리는 하류에 북한의 수공에 대비한 평화의 댐을 만들어야 한다고 주장했던 것이다. 이 때문에 전국 모든 샐러리맨의 월급 일부가 반강제로 차출됐으며 초등학생들까지 기부금을 바치는 분위기가 조성되었다. 방송에서는 시뮬레이션 결과라며 여의도 63빌딩의 반이 잠기는 보도를 여러 차례 내보냈다. 그 후에 재평가를 통해 북한의 위협이 상당히 부풀려졌다는 결론이 났지만, 2002년 겨울에 북한 금강산 쪽에서 난 홍수가 그대로 방류되어 혼이 나고는 다시 평화의 댐을 높이는 공사를 했다고 한다. 대표적 대국민 사기 사건으로 평가된 공사가 실제 상황에 대비한 '유비무환'의 정책이 될 줄 누가 알았겠는가?

예전부터 궁금한 것이 있어 물과 관련이 있는 다른 이야기를 해본다. 지금 우리가 사는 지구 대기의 주성분은 질소와 산소다. 체적 비율로는 질소가 78%, 산소가 21%, 아르곤 1%, 이산화탄소가 소량이다. 무게 비율로 계산하면 질소보다 무거운 산소의 비율은 23%까지 올라간다. 그리고 이산화탄소는 체적 비율이든 무게 비율이든 0.1%가 안 된다. 이렇게 소량인 이산화탄소가 늘어나서 지구온난화가 진행된다는 이야기는 선뜻 믿기가 어렵다. 이산화탄소가 특별히 화학반응에 많이 관여하는 예민한 성질도 아니기 때문에 더욱 이상하다. 그래서 지구온난화는 이산화탄소의 증가 때문이 아니라는 학설도 있다. 그리고 과연 지구가 더워지고 있는가에 대해서도 쉽게 결론짓기 어렵다. 인간이 정확한 온도를 기록하기 시작한 것은 1850년경부터인데, 지구 나이를 얼마로 추정하는지에 관계없이 200년도 채 안 되는 온도 기록의 역사로는 지구온난화를 주장할 만한 데이터로 삼기에 너무 짧은 것이다. 다만, 공해를 줄이자는 의도로 시작한 이산화탄소 줄이기 운동은 계속 진행할 필요가 있다.

그럼 대기에 질소는 없고 산소만 잔뜩 존재한다면 어떻게 될까? 산소는 산화작용을 하니까 모든 것이 빨리 상할 것이다. 한 입 베어 물고 놔둔 사과는 금방 갈색이 되고, 밥은 조금만 지나면 쉬어 버리며, 페인트칠이 안 된 철근 표면은 쉽게 벌건 녹으로 덮일 것이다. 아마 화재도 엄청 자주 날 것이고 한번 불이 나면 끄기도 어려울 것이다. 공기 중에서 아무 일도 안 하는 것 같은 불활성 가스인 질소는 이렇게 대기의 균형을 잡아주는 존재다. 생명은 산소를 필요로 하지만, 존재감이 훨씬 적은 질소는 산소처럼 오버하지 않고 차분하게 생물들이 살아가도록 안정시켜 주는 역할을 하는 것이다.

그래서 우리는 과학을 할 때 조심해야 한다. 필요 없는 기관으로 생각되는 맹장도 요새 그 역할이 있을 거라고 한다. 아직 인간의 과학 수준으로는 사물들의 종합적 연관성을 면밀하게 추적하지 못한다. 그저 자기가 세상에서 인정받을 만한 멋진 논문거리만 찾는 학자들이 대부분이니까 말이다. 과학도 물처럼 투명하게, 순리를 따라 흘러야 한다. 그래야 제대로 된 종합적 진리가 보일 것이다.

과학은 진리인가

한국과총이라는 정부 주도 학술 지원 단체에서 매달 필자에게 배달되는 「과학과 기술」이라는 잡지가 있다. 한국에서 나오는 잉크 냄새 나는 정기 간행물로는 유일하게 손에 들어왔던 책이라, 언제나 유심히 읽어 보았다. 동시대 한국 사회의 과학기술자들은 어떤 생각으로 사는지 피상적이나마 알 수 있을 거라는 기대 때문이다.

그런데 한번은 약간 터부시될 만한 진화론과 창조론에 대한 기사가 실렸다. 고등학교 교과서에 진화론을 과학적 진실이 아닌 '가설'로 적어 달라는 창조론자들의 요구가 있었다는 내용이며, 그에 관한 증거로 창조론자들이 제시한 것은 시조새가 파충류와 조류의 중간 종이 아니라고 밝힌 독일학회의 결론이다. 재미있는 건 이 기사의 뒤편에는 한 철학 교수가 "서구를 앞지르는 과학 문명이 있었음에도 불구하고 중국에서 과학혁명이 출현할 수 없었던 것은 서구적 중세 신학이 존재하지 않았기 때문이다."는 내용의 글을 기고한 점이다. 덧붙여, 다윈은 진화론 발견을 이룬 항해를 마친 후에는 성직자가 될 꿈을 가지고 있었다고 했다. 공교롭게도 진화–창조에 대한 서로 다른 주장의 기사들이 실린 것이다.

필자는 진화론을 가설이라고 생각한다. 그리고 다른 한편으로, 창조론은 과학 교과서에 과학 이론 중 하나로 실리지 않는 것이 타당하다고 생각한다. 둘 다 증명할 수 없는 이론이기 때문이다. 창조론을 증명할 수 없는 것은 당연하고, 진화론은 정교한 생체 작용이 더 많이 밝혀질수록 진화의 시작 시간을 더욱 길게 끌고 간다. "어떻게 그렇게 정교하고도 다른 수많은 소화효소가 우리 몸 안에서 정확히 작동할 수 있는가?" 등의 질문을 하면 대답은 항상 "그러니까 아주아주 오래전에…" 하는 식으로 간다. 정말 많은 학자들은 생명 출현의 역사를 더 오래전이라고 주장하고 싶어 하며, 시간이 지남에 따라 진화론은 결국 확실히 증명될 것이라고 믿고 있다. 물론 벌써 단정적으로 굳게 믿는 사람들도 많다.

필자는 감히 그들을 '전도'하여 전향시킬 생각은 없다. 그들이 여러 가지 과학적 방법론을 통해 그렇게 믿으려 한다는 것도 이해할 수 있다. 하지만 과학은 신앙이 아니다. 과학은 실증에 의해 증명된 사실까지로 국한되어야 한다. 현재의 경향이 이러하니 이 추세대로 외분Extrapolating해 보면 자명하다는 이론은 그럴듯하게 들리지만, 착각이다. 수학적 방식에서 내분Interpolation은 오차를 동반하지만 뚜렷한 경계 조건을 가진다. 엇그

제는 이랬고, 오늘은 이랬으니, 그 사이인 어제의 통계는 둘 사이 값일 것이라는 것이 내분이다. 그래서 내분은 참값에 가까운 답을 준다. 반면 어제-오늘의 통계를 이용해서 내일 상황이 어떻게 될지를 예측하는 것이 외분이다. 즉, 내분은 고대와 현대 사이에서 근대를 찾는 일이라면 외분은 근대와 현대를 연장하여 우리가 알 수 없는 미래를 예측하는 일이다. 만약 외분이 잘 들어맞는다면 주식으로 돈을 잃는 사람은 아무도 없을 것이다. 하지만 우리는 어제까지 잘나가던 주식 시세가 오늘 갑자기 급락하는 경우를 다반사로 본다.

우리는 그동안 과학 만능주의자들의 '열정'에 많이도 농락당해 왔다. 화성에 생명체가 있을 것이라는 이야기에서부터, 수백만 광년 너머에 있는 별 이야기까지…. 작게는 커피가 해롭다고 했다가, 언제는 카페인만 해롭다고 하더니 이제는 카페인을 뺀 커피는 더 안 좋다는 기사까지 나왔다. 이과에서 제일 공부 잘했던 의사 선생님들이 하루가 다르게 내놓는 '과학 건강 뉴스'에 우리 식생활을 어디에 맞출지 몰라 매일매일 아주 피곤하다. 과학은 인간이 자연을 이해하는 도구에 불과하며 그 자체가 신앙은 아니다. 과학은 증명을 통해 알려진 진실에만 국한되어야 한다. 충분한 증거가 없는 사실에 믿음을 강요하는 것은 중세 교회가 저질렀던 과오를 현대 과학이 되풀이하는 꼴이다. 과학의 발전은 필히 그 과정에서 실수를 동반하기에 가설이라는 단어를 붙이는 용기가 필요하며, 실체가 밝혀짐에 따라 가설을 진실로 바꾸어 가면 된다. 종교적 시각에 쏠려 과학을 무시하는 사고도 우스꽝스럽지만 과학을 종교로 만드는 짓도 그에 못지않은 조롱거리다. 개미 스스로는 개미의 세계를 완전히 이해할 수 없으며, 위에서 전체 개미 떼의 움직임을 내려다보는 인간이 개미를 더 잘 이해할 수 있다. 초월자가 아닌 우리 스스로의 능력만으로 자신과 주위를 모두 이해하는 것은 애당초 불가하다. 자연수끼리의 연산에서 더 큰 수를 빼면 마이너스 부호를 가진 정수가 나오고, 정수끼리만 나눗셈을 해도 유리수까지 확장된 수가 생기는 것처럼 말이다.

과학이 외분의 믿음을 강요하는 종교가 아니라, 우리의 무지와 한계를 인정하여 사실과 가설을 엄밀하게 구별할 때에만 과학은 신뢰할 만한 학문이 될 것이다.

SNS는
21세기형 다단계

나이가 적지 않은 필자도 휴대전화를 안 들고 나온 날은 약간 패닉상태에 빠진다. 바지의 한쪽 주머니에는 지갑, 다른 주머니에는 휴대전화가 들어 있어야 균형이 맞고 한쪽이 헐렁하게 비어 있으면 마음이 불안해진다. 스마트폰을 손에서 놓지 않고 수시로 문자를 주고받는 젊은이들의 경우라면 휴대전화의 부재로 느끼는 불안감이 더 클 것이다. 우리 세대가 젊었을 때는 누가 안 보이면 찾을 수가 없었다. 친구든 애인이든 오랜 기다림과 수소문 후에야 겨우 만났다. 몇 개월 만에 찾아내어 마주 앉은 상대에게서 듣게 된 첫마디가 이별 통보였던, 정말 삶이 소설처럼 극적인 경우를 제법 겪었다.

지나친 문명 개발을 경계하자는 것이 필자의 철학이지만, 휴대전화만은 삶에 상당한 기여를 했다고 생각한다. 하지만 휴대전화가 스마트폰으로 진화하고, 트위터와 페이스북이 등장하면서 상황이 너무 복잡해지고 있다. 이전에는 블로그가 많았고 블로그 집집마다 방문객이 많았지만, 곧 사람들의 발길이 뜸해지면서 비영리–비인기 블로그들은 흉가처럼 스산해졌다.

과거의 블로그는 방문객을 기다렸는데 지금 페이스북과 트위터는 사람을 직접 찾아간다. 즉, 가게를 차려 두고 손님을 기다리던 영업 방식이 방문 판매형으로 바뀐 것이다. 그리고 그 방문 판매형 마케팅에 지인들이 굴비처럼 엮이는 '다단계 마케팅'까지 가미되었다. 돈이 안 들어가는 소셜네트워크를 왜 위험한 다단계 영업에 비유하냐고? 오리지널 다단계 판매는 돈을 잃지만, 지금 SNS의 다단계는 시간을 하염없이 축낸다. 돈 대신 시간으로 바꾸면 SNS는 다단계와 동일하다. 벌거나 얻는 사람보다는 손해 보는 사람이 압도적으로 많다는 것이다. 매일 출석해서 얼굴을 내밀어야 하는 그 많은 시간은 도대체 누가 보상해 주나? 어차피 남는 시간을 사용하거나 할 일이 없는 사람들이니 괜찮다고? 그럴 수도 있다. 하지만 고급 정보를 찾는 것도 아니고 자기 주도형 '찾기'도 아니라 남들에게 코가 꿰어 있으니, 시간이 남는 사람도 좀 더 생산적이고 고상하게 시간을 보낼 수 있는 여유 시간을 모조리 빼앗긴다. 필자는 페이스북이 남의 시간을 훔쳐서 돈 버는 사업이라고 생각한다. 물론 누구도 직접적으로 강요당하지는 않았지만 남들이 다 하는데 안 하면 사람은 더 불안해지기 마련이다.

필자가 이전에 쓴 『2020 대한민국 제조업에 길을 묻다』라는 책에서도 이야기했지만, 정보 통신 기술이 발달할수록 계층 간의 차이는 더 커진다.

소득 계층, 나이 계층, 직업 계층에 따라 사람들의 행태가 세분화된다. 이런 현상은 정보 통신 기술을 통한 정보의 공유로 더 많은 평등을 누리게 해줄 것이라는 애초의 추정이나 주장과는 상반되는 것이다. 인간은 남들보다 더 나아지고 싶기 때문에 더 많은 도구가 주어지면 당연히 더 차이가 생긴다. 마치 맨발로 뛰는 육상과 달리, 자동차 경주에선 어떤 차를 타느냐에 따라 기록이 엄청 차이가 나는 것과 비슷하다. 거리가 짧을 때는 그나마 다행인데, 사막 횡단 같은 장거리 경주가 되면 차량 성능이 경기를 좌우한다. 이제 개천에서는 용 대신 미꾸라지만 나오도록 계층이 더욱 굳어져 간다.

아래 계층은 자기가 가진 돈과 시간을 기꺼이 바치고, 위 계층은 그것을 누리면서 자연스럽게 돈도 더 많이 버는 현상이 생겼다. 예를 들면, 증권시장 개미군단이 날마다 정보를 찾아다녀도 큰 결정에 대한 정보는 사전에 미리 알 수 없는 것과 비슷하다. 반면 큰손들은 부지런히 정보를 교환하는 개미군단의 행태를 위에서 내려다보듯 한눈에 파악하고는 필요한 시점에 행동한다. 그렇게 돈을 잃은 개미군단이 페이스북에 들어와서 우는 소리를 하면 친구들이 따뜻하게 위로는 해주는가? 안 좋은 일이 있을 때는 페북에 얼씬거리지 않으니 지인들은 잠적했다고 생각할지도 모르겠다.

그렇다고 SNS를 집어치우자는 이야기가 아니다. 이런 것들이 우리 삶에 어떤 역할을 미칠지 성찰해 보고 알맞게 사용하자는 것이다. 한번 빠지면 절제하기 어려운 인간의 속성을 알고 경계하자는 이야기이다. 멀리서 오는 과장되고 깔끔한 소식만 찾기보다, 구질구질해 보이는 주변과 일상을 더 챙기는 삶을 살면 어떨까?

과학은 엄격하고,
공학은 느슨하다(?)

제목이 좀 이상하지만, 공차Tolerance 이야기를 해보려고 달게 된 제목이다. 기계를 만들 때 완벽한 제작은 불가하니 허용되는 작은 오차를 '공차'라고 한다. 동일한 단어를 사회윤리에 적용하면 '관용'이라는 말로 바뀐다. 법을 엄격히 적용하고 지킬수록 좋은 사회지만 완벽할 수 없어 약간씩 봐주는 것, 남의 실수나 방해를 조금씩 이해해 주는 것이 관용이다. '빠리의 택시 운전사' 홍세화가 프랑스 사회의 톨레랑스를 논하면서 한국 사회에서도 진작 이슈가 되었던 단어다.

우선 여기까지 이야기하고 과학으로 화제를 돌려 보자. 신이 아닌 인간은 어떤 사실을 통째로 알 수 없기에 분석 기법을 사용한다. 나눠 놓고 개별적으로 보는 것이다. 여러 변수가 동시에 작용해서 각각의 가중치를 알기 어려울 때에는 변수 하나하나에 해당하는 결과를 본다. 그래서 '과학 Science'에 들어가는 sci-라는 철자는 나누거나 자르는 역할을 하는 단어에 많이 들어간다. 가위를 말하는 Scissors가 대표적이다. 과학을 잘한다는 것은 제대로 자른다는 의미로 해석해도 좋다.

석공이 돌의 결을 잘 맞추어 정을 대면 바위가 한 번에 쩍 벌어지는 것처럼, 어떻게 자를까(분류할까) 하는 것이 과학적 마인드의 기본이다. 현대과학은 이론과 실험으로 나뉘지만 초기에는 실험이 없었다. 오히려 과학은 사물을 인식하는 철학 즉, 관념론에서 출발했다. 이 전통이 이어져 오늘날까지 박사학위 타이틀이 Ph.D.(Doctor of philosophy)인 것이다. 플라톤의 이상주의가 과학의 출발에 미친 영향은 지대했다. 현재에도 상황을 이상화하는 가정이 없으면 이론 정립이 불가능하다.

그의 제자 아리스토텔레스는 이상주의를 배격하고 실질 세계(물질세계)에 대한 가치를 부여한다. 하지만 여전히 과학은 철학(생각)이었고 겨우 약간 더 나아가 관찰까지 진행되었지만, 실험은 인식의 도구로 활용되지 못했다. 아리스토텔레스는 관찰을 통해 고래는 물에 살지만 어류가 아니라 포유류라는 것을 알았다. 반면 무거운 물체가 더 빨리 낙하할 것이라는 현상은 생각만 하고 실험을 정밀하게 해보지는 않아서 틀렸다. 그리스의 과학은 실험이 없었으니 공차가 끼어들 틈이 없었다. 그들에게 과학은 날실과 씨실로 완벽하고 탄탄하게 짜이는 논리일 뿐 거기에 어떤 오차가 있을 것인지, 있다면 얼마까지 관용할지에 대한 고민은 없었던 것이다. 자연현상을 이해하려고만 했지 그 현상을 이용해서 뭔가를 만들지는 않았으니까. 그래서 오늘날까지도 순수 과학자들은 공차를 상당히 지엽적으로 생각하는 경향이 있다.

공차는 뉴턴과 라이프니츠에 의해 개발된 미분학이 출발점이 아닌가 한다. 아주 작은 수가 더 작아지면 그냥 제로로 볼 수 있다는 것을 수학에 도입한 것이다. 공차 개념이 그때 처음 만들어진 탓인지, 1700년경 미분학이 시작된 후 백 년 만인 1800년경 유럽에서는 산업혁명이 시작된다. 관념의 영역에만 갇혀 있던 과학이 난생처음 몸을 가진 엔지니어링을 만난 순간이다. 하지만 산업혁명에서도 과학과 기술은 겨우 대면만 했을 뿐 서먹서먹한 관계였고, 20세기에 이르러 비로소 과학과 공학이 좀 더 밀접한 관계를 맺게 된다.

지금의 기술로도 이상처럼 완벽한 물건을 만들기는 불가하지만 약간의 '관용'을 허락하면 꽤 쓸 만한 물건이 만들어진다. 그러나 너무 관용하면 싸구려 제품이 만들어지기 때문에 허용 한계가 중요하다. 더 많이 관용해도 되는 부분과 더 엄격해야 하는 부분을 분별하는 능력이 곧 엔지니어의 실력이다. 그래야 쓸 만하면서도 지나치게 비싸지 않은 공업제품을 만들 수 있으니까.

만약 아직도 과학이 '오십보백보' 논리에 머무르면서 조금 틀린 값이든 많이 틀린 값이든 어차피 정답은 아니라고 주장했다면, 과학은 학자들의 머릿속에만 갇혀 있느라 현대문명은 태어나지 못했을 것이다. 하지만 엄격한 과학과 느슨한 공학 간의 훌륭한 팀플레이가 기계 문명을 견인했다. 사회에도 법이 엄격해야 하지만 관용이 첨가되어야 활력이 생기고 제대로 돌아간다. 사회의 수준은 낮은데, 엄격한 법 적용을 주장하는 독재자들은 정의를 구현하기 위해서가 아니라 정적들을 제거하기 위한 도구로 법을 사용했다. 그래서 중국에는 그 부메랑에 자신의 목이 날아간 경우도 흔했다.

과학적 완벽성에 매료되어 공차를 무시하는 사람들이 있는데, 이런 부류는 중용을 인정하지 않는 경향이 있다. 혹시 이런 숭고한 학자들이 주위에 계신다면 다음과 같이 말해 주길 바란다.

우리는 완벽하게 알지 못하며, 완전히 무지하지도 않은 중간 상태라는 것, 하지만 이런 어정쩡한 위치에서도 우리는 언제나 조금씩 전진해 왔다는 것, 그리고 이러한 불확실성Uncertainty이 곧 우리 자신의 정체성이라는 것을 말이다.

아인슈타인은 항상 옳았을까

서양 과학에서 시대별로 가장 중요한 과학자들을 꼽으라면, 초기에는 아리스토텔레스(B.C. 300년 전), 중세에는 갈릴레이(1600년 전후), 근대에는 뉴턴(1700년 전후), 현대에 들어서는 아인슈타인(1900년 전후)을 선정할 수 있을 것 같다. 더 많은 과학자들을 뽑으면 들어갈 사람들이 많지만 줄일 수는 없다.

이 중에서 가장 많이 비판받은 사람은 아리스토텔레스이다. 너무 일찍 많은 주장을 하여 틀린 부분이 상당하기 때문이다. 과학사는 일반 역사와 정반대로, 오히려 뒤로 갈수록 과학자들이 더 많이 신격화되었다. 특히 아인슈타인은 거의 '교주' 수준으로 어린이들에게 알려져 있다. 뉴턴 역학의 '틀린' 부분을 바로잡은 상대성 이론 때문이다. 개인적인 의견을 밝힌다면, 뉴턴이 틀렸다기보다 아인슈타인이 속도가 빠른 특수한 경우를 포함하기 위해 뉴턴 방정식을 보정한 것이라고 생각한다. 빛의 속도의 10%에 이르기까지 뉴턴 역학은 겨우 0.5% 이하의 오차를 보인다. 10% 빛의 속도는 음속의 거의 10만 배에 이른다. 지구상에서 가장 빠른 전투기 속도를 음속 5로 잡아도, 10% 빛의 속도는 최대 전투기 속도의 2만 배에 이른다. 그러니 가장 빠른 전투기 안에서도 조종사가 상대성 이론을 몰라서 발생하는 문제는 없는 셈이다. 다만 지구 반지름의 3배가 넘는 2만 킬로미터 상공에서 지구상으로 거의 몇 미터 오차를 안내해야 하는 GPS 위성은 약간의 보정이 필요하다.

뉴턴 역학이 일반 과학에서는 별 문제 없다는 필자의 의견을 엄격한 과학자들이 흥분하여 비난한다면, 필자도 할 말이 있다. "뉴턴이 틀렸다면 왜 아직도 물리학과에서 뉴턴 역학을 가르치고 있느냐?"고 말이다. 필자가 다이슨Dyson이라는 물리학자를 인터뷰한 적이 있다고 앞에서 잠깐 말한 적이 있다. 아인슈타인 탄생 100주년을 맞아 프린스턴을 찾은 국내 취재팀이 통역을 부탁해 와서 만났다. 다이슨은 아인슈타인과 같은 연구소에 근무했던 후배 연구원이다. 아인슈타인 생전에 서로 같은 연구소에서 지냈으니 누구보다 아인슈타인을 잘 아는 사람이다. 인터뷰 통역을 다 끝내고 개인적으로 궁금한 점을 물어보았다.

"물리학 교과서의 상대성 이론 부분을 보면 가장 먼저 로렌츠Lorentz 변환이 나옵니다. 그 방정식은 운동하는 물체가 빛의 속도에 가까워지면 물체의 길이가 줄어들고, 시간이 천천히 가는 것도 말해 줍니다. 방정식의 이름으로 보면 로렌츠가 처음 만들었다는 이야기인데, 로렌츠는 길이와 속도의 상관관계를 알고 있었나요?"

이 질문에 대한 그의 대답은 놀라웠다.

"아인슈타인에 앞서 로렌츠도, 그리고 프랑스 수학자 푸앵카레도 알고 있었어요."

질문은 계속 이어졌다.

"그러면 상대성 이론의 업적은 당연히 로렌츠의 것이지 않습니까?"

돌아온 그의 답변은 이랬다.

"로렌츠나 푸앵카레도 알고 있었지만, 특수 상대성의 의미를 더 깊이 이해하고 일반 상대성 이론으로까지 확장하여 중력과 시공간의 의미를 재해석해 낸 사람은 아인슈타인입니다."

필자는 다소 흥분한 목소리로 반문했다.

"만들어진 다음에 그것을 확대 해석한 것보다 처음으로 그런 사실을 알아냈다는 것이 더 의미 있는 일이 아닌가요?"

도발적 질문에 대한 그의 답변은 설득력이 별로 없어 기억도 잘 나지 않는다. 그 후로 어떻게 인사를 나누고 헤어졌는지도 모를 정도로 필자는 엄청난 음모를 알게 된 사람처럼 혼란스러웠다. 그 후 이 부분에 대해 더 살펴보니 이미 잘 알려진 사실임을 확인했다. 위키피디아에서 '로렌츠'를 찾아봐도 나온다. 그리고 로렌츠 말고도 아일랜드 물리학자 피츠제럴드도 동일 연구에 관여했다는 사실이 나온다.

아인슈타인이 상대성 이론을 발표한 후 15년도 더 지난 1921년, 상대성 이론과는 관련이 없는 광전자 현상 발견으로 노벨상을 받았다는 것은 그가 상대성 이론을 최초로 세운 사람이 아니라는 것을 말해 주는 증거다. 아인슈타인이 상대성 이론을 독자지하며 유명해진 이유는 아마 당시에 그가 역사의 한복판에 서 있었기 때문일 것이다. 유럽이 히틀러로 인해 정치적 소용돌이에 휩싸였던 1933년, 유태인인 그는 미국으로 망명했다. 노벨상 수상자였던 아인슈타인은 당시 정치적으로 중요한 사람이었다. 루스벨트 대통령에게 원자탄 제조의 필요성을 주장하는 편지에 서명하기도 했다. 제2차 대전 이전 미국에는 오늘날처럼 세계적인 학자들이 그렇게 많지 않을 때였다. 세계대전 후 모든 과학기술이 미국을 중심으로 돌아갈 때, 그는 벌써 미국에 정착한 과학자였으니 이미 안정된 자리를 굳히고 있었다.

비슷한 배경을 가진 과학자로 이탈리아 과학자 페르미가 있다. 그의 아내가 유태인인지라 1938년 노벨상을 받은 후, 시상식장인 스톡홀름에서 바로 미국으로 망명한 과학자이다. 오늘날의 원자력 에너지도, 아인슈타인의 공식인 $E=MC^2$을 페르미와 동료들이 시카고 대학 지하 실험실에서 확인했던 연구에 기인한다. 페르미는 원자폭탄 제조에 직접 관여한 인물이라 아인슈타인과 다르게 매체나 강연을 통한 대중 접촉이 어려웠을 것이다. 그와는 대조적으로 아인슈타인은 시간이 지날수록 더욱 신적인 권위를 누렸다.

그런데 아인슈타인은 언제나 옳았을까? 아니다. 그는 $E=MC^2$이라는 방정식을 만든 장본인이지만, 원자력이 폭탄이 아닌 에너지원으로 이용되는 것은 불가능하리라고 예측했다. 하지만 그의 사후 20년 만에 원자력은 엄연히 중요한 에너지원으로 정착되었다. 다른 것으로는, 통일장이론에 집착하여 후대의 학자들까지 덤으로 고생하고 있지만 이 이론은 여전히 오리무중이다.

뉴턴은 말년에 연금술로 인생을 소진했다. 일반 금속을 화학적으로 변화시켜 금을 만드는 일에 여생을 보낸 것이다. 하지만 황금은 대과학자의 실험실이 아닌 광부들의 광이 끝에서 발굴되었다. 뉴턴이 태어난 해 타계한 갈릴레이는 파문이 무서워 교황 앞에서 머리를 숙였지만, 그래도 지구는 돌고 있다는 독백을 했다는 일화는, 우리가 다 알고 있는 이야기다. 그렇게 양심의 소리에 충실했던 갈릴레이도 케플러가 주장한 타원궤도에 대해서는 끝내 이해하지 못했다고 한다. '행성이 원운동을 해야지 웬 타원궤도?' 라는 생각을 한 것이다.

개인에 대한 지나친 권위가 오히려 과학을 희화화할 수 있다. 역사가와 언론들의 신화 만들기에 속지 말자는 이야기를 하고 싶다. 그들은 나름의 장삿속이 있다. 누군가를 띄워야 사람들의 주목을 끌 수 있다. 몸값이 높으면 스캔들도 성공을 위한 소품으로 바꿔 버린다. 그러다가 가치가 없어지면 바닥까지 추락시키며 한 번 더 이름을 팔아먹는 것이 언론이다. 유명 교수들의 훌륭한 연구 결과가 발표된 후에는 엄청난 난관을 넘어 필연적으로 여기까지 이르렀다는 기사가 대문짝만 하게 난다. 하지만 알고 보니 그 업적이 우연한 아이디어였거나, 이름 없는 한 대학원생의 노고였기에 씁쓸하게 웃어야 했던 일들이 얼마나 많았던가?

과학만큼 독재적인 분야도 없다만, 역설적이게도 민주주의는 과학적 사고에 의한 계몽주의가 불러온 사상이다. 개인은 언제나 틀릴 수 있다. 연구 현장에서도 지나친 권위주의가 과학을 망치고, 조직을 망치고, 개인을 파멸시킬 수 있다.

종교 이야기를 해서 송구한데, 예수는 십자가형을 받기 불과 일주일 전까지만 해도 당시 이스라엘 민족의 메시아로 추앙받았다. 하지만 일주일 만에 정세가 급변하여 십자가형에 처해졌다. 여론몰이를 당한 것이다. 살인강도 대신 예수를 사면하면 안 되겠냐는 로마 총독의 중재안까지 거부한 민중들은 그를 십자가에 매달라고 부르짖었다. 이렇게 드라마틱한 여론몰이가 2천 년이 지난 지금 과학계에도 존재한다는 것은 아이러니다. SNS의 팽창으로 포퓰리즘은 이미 우리 모두의 일상이 되어 버렸다. 스타 과학자에 의존하려는 풍토가 제2, 제3의 황우석 교수를 무대 위로 올릴까 봐 걱정스럽다. 연구 현장에서 지나친 권위를 행사하는 사람, 또 그런 사람을 신격화하는 추종자들은 결국 과학의 적이다. 젊은이들에게 인기 없는 과학기술을 선망의 대상으로 만들어 보려는 지극히 선한 의도라고 해도 그 과정에서 철학적 하자가 존재하면 싸구려가 될 수밖에 없다.

우리는 검증된 이론과 실험에 권위를 부여하는 것이지 개인숭배를 과학으로 채택할 수는 없다. 진리는 그 안에 자유와 평등을 당연히, 그리고 언제나 포함해야 한다. 우리 중 누구도 신이 아니지만 우리는 누구나 독재왕정을 부수고 자유를 쟁취한 프랑스혁명 속의 주인공인 민중인 것이다.

강남 스타일과 노벨상

미국과 유럽에 살면서 현지 TV와 라디오를 자주 접했다. 그 안에서 한국 연예인들이 외국에서 성공적인 행사를 치렀다는 국내 소식을 접할 때면 항상 지나치게 부풀려진 것이라고 생각했다. 적어도 유럽이나 미국의 라디오, TV에 자주 모습을 드러내는 한국 연예인들은 여태껏 없었다. 교민들 모아서 공연하고 돌아가서는 세계적 스타라고 광고하는 경우가 대부분이었으니까.

그러다가 약간 심상찮은 변화가 느껴지기 시작했다. 파리에서 K-POP 공연이 있었을 때 현지 분위기는 대단했다. 이제는 시간이 좀 지난 일이지만, 싸이의 '강남 스타일'은 그야말로 대히트였다. 아마도 한민족 역사상 이렇게 세계적으로 유명해진 한국인은 없었을 것이다. "일개 연예인이 막

춤으로 유명해진 것이 뭐 그리 중요하냐?"라고 말할 수 있다. 하지만 필자는 이 문제를 다르게 본다. 이는 우리의 정서가 서구인들과도 자연스럽게 교류할 수 있다는 것을 보여 준 아주 중요한 사건이었다.

우리는 이미 수많은 영화와 책을 통해서 서양의 정서와 언어에 상당히 익숙한 편이다. 하지만 일반적인 서양인들이 한국에 대해 아는 것은 무엇일까? 그들이 생각하는 한국은 아직도 부정적이다. 그들에게 한반도는 핵무기의 위협이 현존하는 휴전 지역이고, 그래서 한국 여행을 계획한다면 봉우리에서 연기가 모락모락 나는 휴화산 주위를 관광하는 상상을 떠올릴 것이다. 활발해진 남-북-미 회담으로 이미지가 상당히 바뀌었지만 당장 모든 것이 긍정적으로 변하지는 않는다. 필자의 경험에 따르면 비싸 보이는 옷을 입었거나 용모가 단정한 날, 가게에서 물건을 사면 호기심 많은 점원들은 필자에게 일본인이냐고 묻는다. 그러나 머리를 잘 안 감고 돌아다니면 그들은 필자에게 중국인이냐고 묻는다. 그런데 싸이의 말춤이 나온 후부터는 한국인이냐는 질문도 늘었다. '강남 스타일'은 서양과 한국 간의 정서적 거리감을 좁히는 데 상당히 기여했다. 싸이의 외모는 그들이 미국과 유럽 거리에서 흔히 봐왔던 한국 관광객들의 모습과도 유사하다. 그래서 더욱 거리감이 좁혀지고 친근감이 들지 않을까?

이제 말 많은 노벨상으로 화제를 바꿔 보자. 최근 설립된 기초과학연구원이라는 기관에 예산이 엄청 많이 투입된 모양이다. 이 기관은 노벨상 수상이 설립 목적인 것으로 보인다. 일본이 황우석 박사 연구와 비슷해 보이는 것으로 생리의학상을 받았던 것을 비롯하여, 해마다 노벨상을 수상하자 한국 과학계는 일제히 자괴감을 쏟아냈다. 상이 뭐 그리 중요하냐고 반문할 수도 있지만 그런 말은 몇 개 정도 받고 나야만 할 수 있는 소리다. 여태껏 한국식 밀어붙이기로 못 이룬 것이 없었는데 유독 노벨상만 아직 못 받았으니 안타까움과 미련이 클 수밖에 없다.

그런데 최근에 아주 재미있는 기사를 보게 되었다. 노벨상은 수상 10년 전부터 그 징후가 관측된다는 것이다. 영향력이 큰 논문을 발표하고, 인용지수가 올라가고, 관련 분야에서 유명한 상을 수상하다가 노벨상을 받게 된다고 한다. 가끔 돌발 상황도 생기지만 노벨상의 권위를 유지하려면 너무나 당연한 수순이다. 그런데 이런 기준으로 볼 때, 국내에는 10년 내 수상이 가능한 후보자가 없으며, 외국에서 활동하는 한인 과학자를 포함하면 콜롬비아 대학의 김필립 교수가 거의 유일하다고 한다. 최근 다른 기사에서는 유력 외국 매체가 카이스트 화학과 유룡 교수와 서울의대 찰리 리 초빙교수를 노벨상 후보군에 넣어 발표했다고 한다. 두 기사를 합해 봐도 한국 연구 현장에서 일하는 한국인 후보자는 유룡 교수가 유일하다.

불행하게도 노벨상은 '강남 스타일' 같은 '끼'로만 되는 일은 아니다. 명석한 엘리트들이 장기간 매진해야 가능하다. 특히 장비와 동종 연구 인력이 턱없이 모자란 약소국에서는 수상이 더욱 어렵다. 그런데 우리처럼 우수 연구 인력이나 석학 교수들이 '연구 경영'이나 '프로젝트 관리'에 인생을 거는 풍토로는 정말 하세월이다. 더군다나 누가 한국에서 노벨상을 받기라도 한다면 연구자로서 그의 인생은 끝날 것 같다. 당장 정치권이 수상자를 이용하려 들 것이니까 말이다. 대권에 나서서 '대한민국호'를 구출

해 달라는 아우성을 듣게 될 확률도 크다.

'강남 스타일'처럼 뜨는 일은 미분 값이 중요하다. 하지만 노벨상 같은 프로젝트는 적분 값이 중요하다. 한 번 반짝해서는 어렵고 꾸준하게 정진해야 가능한 일이다. 그나저나, 언론에서 '세계적 학자'라고 치켜세우는 과학계 교수들이 그렇게나 많지만 10년 내 가능성으로 봐도 노벨상 사정권 안에 드는 학자가 별로 없다니 입맛이 텁텁할 뿐이다. 그분들이 연구보다, 자리 경쟁만 한 탓인지 조심스럽게 묻고 싶다.

컴퓨터가 영혼을 가질 수 있을까

컴퓨터도 감정을 느끼게 만들 수 있을까? 영혼에 준하는 정신을 가지게 할 수 있을까?

어떤 사람들은 이 질문이 참 쓸데없는 논제라고 생각하겠지만, 어떤 사람들에게는 아주 심각한 연구 주제다. 컴퓨터가 인간에 비해 비교할 수 없이 우수한 부분은 방대한 데이터 기록과 빠른 연산이다. 하지만 컴퓨터가 도저히 따라올 수 없는, 인간 뇌가 가지는 엄청난 초능력은 과학적으로 이해하기 힘들 정도로 우수한 부분들이 있다. 그래서 먼저 인간 뇌의 특수성부터 살펴보고 난 후 컴퓨터 이야기로 넘어가 보자.

대학 시절 친했던 친구와 연락 한 번 없다가 10년 만에 거리에서 맞닥뜨렸다고 가정해 보자. 우리는 “이게 얼마 만이야?”라며 단박에 친구를 알아본다. 하지만 컴퓨터가 하던 방식으로 우리 뇌가 메모리를 관리했다면 10년 동안 한 번도 사용하지 않았던 데이터인지라 친구를 알아보는 데 시간이 좀 걸릴 것이다. 컴퓨터는 자주 그리고 최근에 사용해 온 데이터순으로 먼저 검색되기 때문이다.

그러니 아무리 친했어도 10년 만에 다시 보는 사람을, 마치 준비된 데이터를 들이밀 듯 즉각적으로 인식할 수는 없다. 그런데 도대체 인간의 뇌는 어떻게 이것이 가능할까? 늘 자주 사용하는 데이터는 컴퓨터처럼 한곳에 모으지만, 또 다른 기억 장치에서는 비록 오래되었지만 중요한 데이터를 따로 모아 두는 것 아닐까? 즉, 메모리 체계가 이중화되어 있을 가능성이 있다. 한쪽에서는 빈도순으로, 다른 쪽에서는 중요도순으로 메모리를 다르게 구성했다면 현재 마주친 데이터를 메모리에서 찾을 때 자주 사용했던 데이터와 중요한 데이터를 동시에 뒤지는 것이다.

또 인간의 뇌는 뒷모습과 걸음걸이로만으로도 사람을 알아본다. 하지만 카메라에 찍힌 뒷모습, 걸음걸이 동영상으로 사람을 분별하는 작업은 컴퓨터에게 아직 어렵다. 그러나 이 경우도 컴퓨터 성능이 아주 좋아진다는 전제를 달면 해결된다. 거의 무한대에 가까운 메모리와 속도를 사용하면 위에서 언급한 두 개의 기능을 컴퓨터가 순식간에 수행하는 것도 가능하겠다.

이제, 본격적으로 컴퓨터 이야기를 해보자. 지금 아주 성능 좋은, 알파고 같은 컴퓨터와 게임을 한다고 생각해 보자. 게임 상황은 이렇다. 우리가 TV쇼에 초대되어 채팅을 통해 상대방이 진짜 사람인지, 아니면 컴퓨터인지 알아맞히는 역할을 맡았다. 만약 사회자가 다섯 가지 질문만 허용한다면 여러분들은 어떤 질문을 던지겠는가?(비슷한 게임인 튜링 테스트라는 것이 실행된 적이 있다.)

이 게임을 시작하기 전에 먼저 전략을 연구해 보자. 컴퓨터는 단순 계산과 자료 정리에 강하지만 감성과 관련된 부분은 약하다. 필자가 그동안 컴퓨터에게 느낀 가장 답답한 부분은 지독하게도 '눈치'가 없다는 점이다. 예를 들어 5층 건물을 디자인한다고 하자. 5층은 최고 높이가 20m 정도다. 그래서 누가 봐도 높이에 20 이상을 넣을 수 없는 자리에 실수로 100을 타이프하면 한번 물어봐야 한다. 하지만 질문 없이 바로 실행에 들어가 당장 100m 높이 허공에 벽돌을 올려 버린다. "정말 100m를 원하세요? 제일 큰 숫자가 20인데, 혹시 10을 잘못 친 것은 아닌가요?"라고 한번 물어보게 프로그램을 바꿀 수는 있다. 물론 너무 자주 물어서 짜증 나면, 아예 질문하지 말라든가 정말 의심스러울 때만 질문하라는 옵션을 넣을 수도 있지만 아직 이 정도까지는 못 왔다.

눈치 다음으로 답답한 것은 위험에 대한 인지력이다. 운전할 때 사람들은 접촉 사고는 종종 내지만 목숨이 오락가락하는 심각한 사고는 거의 내지 않는다. 30세부터 60세까지 30년간 운전하면 총 거리 30만 킬로미터 정도는 운전하게 되는데, 한해에 교통사고로 사망하는 사람은 100만 명당 100명 수준이니까 30년 운전해도 100만 명 중 3,000명 정도가 교통사고로 사망하는 것이다. 비율로 따지면 0.3%에 불과하다. 100만 명 중 운전자와 비운전자의 비율, 보행자나 승객 사망률과 운전자 사망률 등 복잡하게 따져 봐야 하지만 결론은 큰 차이 없이 0.3% 전후가 될 것이다.

그런데 요즘 유행하는 자율주행차가 운전하는 세상이 오면 어떻게 될까? 인간은 자기 목숨이 위태한 지경에 이르면 패닉에 빠지다가도 순간적으로 초능력을 발휘하기도 한다. 그러나 컴퓨터에게 자기 목숨이 왔다 갔다 하는 공포를 느끼게 할 수는 없다. 슬프거나 기쁜 감정, 멋진 이성을 보고 느끼는 감정 같은 것들을 프로그래밍하기도 어렵다. 컴퓨터는 상대방이 자기 스타일에 맞는지 파악하는 데도 아주 오래 걸릴 것이다. 남자로든 여자로든 컴퓨터에게 성별을 부여할 수는 있겠지만.

정리하자면 컴퓨터는 눈치, 위험 지각력, 감정 지각력이 떨어진다. 물론 인간과 비교할 때만 그렇다는 것이고, 눈치나 감정이 꼭 필요한 능력이냐고 묻는다면 전혀 다른 토론이 될 것이다.

컴퓨터의 최대 강점은 계산이다. 123456789의 제곱 같은 계산은 순식간에 한다. 그리고 다른 강점은 자료 정리다. 천 통이 넘게 쌓인 이메일을 보낸 사람순으로 재정리하는 데 불과 몇 초면 된다.

이제 앞에서 말한 TV 게임으로 돌아가 보자. 눈치가 없다는 약점에도 불구하고 슈퍼컴퓨터라면 한도 끝도 없이 많은 경우의 수를 심어 두었으니 상황을 잘 파악할 터인데, 무슨 질문을 해봐야 상대가 기계인지 알 수 있을까? 제일 좋은 것이 아마도 썰렁한 아재 개그가 아닐까 한다. 슈퍼컴퓨터라 해도 비논리적인 것, 난센스 같은 말장난을 이해하는 일은 현재로선 무척 어렵다. 황당하고 유치한 농담을 던지면 아마도 '??????' 같은 반응을 보이지 않을까?

우리는 인간의 능력을 지적 능력(계산 능력)과 표현 능력(언어 구사 능력)으로 많이 판단하는데, 주변 상황과 자연스럽게 교감하고 상대방의 감정을 존중해 주며 상생하는 능력인 '눈치'(상황 파악 능력)도 인간의 중요한 능력이다. 인간은 혼자만의 능력으로 자연 또는 천적으로부터 보호받지 못하며, 다른 사람이나 사회의 능력에 기대야 하는 부분을 피할 수 없기 때문이다. 그래서 소통과 관계를 잘한다는 말은 권력을 많이 모을 수 있다는 말과 크게 다르지 않다.

이렇게 보면 "눈치도 없는 것이 인간이냐?"란 핀잔은 아주 철학적이고도 과학적인 비난이다. 지적 능력만이 아니라 관계의 윤활유 역할을 하는 공감 능력도 동일한 중요도를 가진다는 사실을 알아야 한다. 사회가 점점 더 메말라서 서로의 관계가 푸석푸석해지기 전에 말이다.

게으른 자들을 위한 변명

당신이 만약 조직에서 나름대로 열심히 일하는 사람이라면, 반드시 게을러터진 동료들이 몇몇 눈에 띌 것이다. 당신은 그런 인간들과 함께 말도 섞고 싶지 않을 터. 더불어 사는 사회다 보니 마지못해 동료로 쳐주는 것이지 사실은 월급이나 축내는 쓰레기같이 생각되기 때문이다. 당신도 그 인간을 예쁘게 봐주려고 여러 번 노력했지만 그때마다 그들은 기회를 놓쳤을 것이다. 오랜만에 책상에 앉아 뭔가 좀 하는 것 같아서 봤더니 인터넷으로 엉뚱한 짓이나 하고 있다. 자리를 비웠을 때는 십중팔구 커피 자판기 앞에서 비슷한 인간들과 수다 중이다. 일을 시키면 힘이 하나도 없는 사람이 저녁 회식 모임에서는 활기가 넘친다. 그들은 신기하게 여러 차례의 구조 조정에서도 완벽히 살아남았다. 게다가 한술 더 떠서, 자기가 한 일이 없다는 것은 까맣게 잊고 보너스 철에는 엄청 섭섭해한다. 잘리지 않은 것만 해도 감사해야 할 인간이 엘리트 사원인 나와 동등한 성과급까지 바라다니!

기왕지사 여기까지 말이 나왔으니, 이 게으른 인간들의 변명이나 한번 들어 보자. 그들은 당신같이 부지런한 사람을 도대체 어떻게 생각할까? 자신의 몫까지 일해 주는 아주 고마운 존재로 인식하고 늘 당신을 존경한다? 글쎄… 게으른 그들은 부지런한 당신을 다음처럼 생각할 공산이 크다.

"소위 열심히 일하는 척하는 사람들은 정말 웃겨요. 안 해도 될 일을 왕창 떠맡아 와서 끙끙거립니다. 그리고 쉬운 길이 있는지 살펴보지 않고 무작정 업무를 시작해요. 머리가 나쁘면 손발이 고생한다잖아요? 왜 효율에 대한 개념이 없을까요? 또 결과보다는 자기가 고생한 과정을 봐주기를 바라고 엄청 생색을 내요. 우리 부서에서 자기가 가장 중요한 사람이라고 생각하는 모양인데, 사실은 없어져도 가장 표 나지 않을 사람일 거예요."

변명이 아니라 역공이라니, 가히 충격적이고 기가 막힌다. 손가락도 까딱 안 하는 인간이 열심히 일하는 당신을 이런 식으로 폄하하다니 말이다.

하지만 감정을 걷어 내고 한번 생각해 보자. 부서장의 명령이 떨어지자마자 액션에 들어가서 야근도 불사하고 열심히 했는데, 며칠 만에 윗선의 방침이 바뀌었다는 허탈한 통보를 받은 경험이 있지 않은가? 방향이 이상하다고 건의하려다가 시키니까 그냥 하자는 마음으로 무작정 일을 했던 기억은? 그래서 그 일로 스트레스 엄청 받고 서류를 쓰레기통에 던져 버렸던 '분노의 추억'도 생각날 것이다.

아, 물론 어떤 경우에도 게으름이 미덕이 될 수는 없다. 그래서 말인데 게으른 인간들도 부지런한 구석이 있다. 당신이 업무에 바쁠 때, 게으른 사람들 대부분은 '관계 맺기'로 시간을 보낸다. 자판기 앞에서 수다 떠는 건 노는 것이지만 다른 부서와의 외교 업무도 된다. 잘 안 풀리는 문제가 있다면 먼저 게으른 동료와 의논해 보라. 의외로 새로운 아이디어를 얻을 수 있을지 모른다. 그리고 다른 부서의 적극적 협조가 필요할 때도 한번 그들과 의논해 보라. 다른 부서 사람들과 1년에 커피 100잔 이상을 마시는 그들이 10잔도 안 마시는 당신보다는 훨씬 오지랖이 넓을 테니까.

하지만 게으른 사람들도 명심해야 할 것이 있다. 가끔 홈런을 한 방씩 때려 내지 못하면 당신은 게으름의 미학을 주장할 자격이 없다. '동물의 왕국'에서 갈기털 멋진 수사자는 사냥도 안 하고 한가하게 누워 있지만, 일단 전투에 임하면 총알 같은 스피드로 질주하기에 그 게으름도 폼이 나는 것이다. 우리도 수사자처럼 한 방이 있어야 나태함은 도약을 준비하기 위한 사색의 시간이라는 둥, 너스레를 떨 수 있다.

반면, 열심히 일만 하는 사람들은 인간 삶의 최종 목표를 다시 점검할 필요가 있다. 선진국으로 갈수록 능률이 중시되고 일하는 시간을 줄인다. 그 반대로 당신은 무엇이든지 좌우간 하고 있어야만 마음에 안정이 오는 일중독자라면, 나치가 포로수용소에 써두었던 말, "Arbeit macht frei"를 생각해 봐야 한다. "일할 때 진정한 자유를 누릴 수 있다."는 극단적인 노동 찬양 구호다. 이제는 이 문장을 다르게 번역하여 '일로부터의 자유'라고 새길 필요가 있다.

우리에게 업무는 목표를 위한 수단이다. 그러니 업무는 꼭 필요한 일로만 줄여야 한다. 남는 시간은 자기계발과 관계 확대 그리고 가족과 함께하며 재충전에 투자하자.

수학자 오일러와 사채업자들

수학에서 손 뗀 지 오래된 사람들에게는 좀 어려운 내용일 수도 있을 것 같다. 하지만 수학은 논리니까 논리만으로 내용을 이해할 수 있길 바란다. 만약 이해가 어렵다면 독자들을 원망하기보다 필자의 빈약한 능력을 탓하라.

오일러(Leonhard Euler, 1707~1783)는 스위스의 수학자로 또 다른 유명한 스위스 수학자인 베르누이 가문 사람들과 친구였고 러시아, 독일, 프랑스를 두루 다니며 연구했다. 말년에는 시력을 잃는 어려움까지 겪었는데, 그가 남긴 엄청난 업적 덕에 스위스 화폐에 얼굴이 인쇄되었던 학자다. 여기에서는 그의 위대한 업적 중 하나로서 '오일러의 수'라는 이름이 붙은, 자연로그의 밑수인 e에 관해 이야기를 해보려고 한다.

어떤 사람에게는 자연로그라는 말 자체도 생뚱맞은데 거기에 밑수라는 말까지 나왔으니 당황스럽겠지만, 수학을 좀 했던 사람들은 e가 2.718……로 무한히 뻗어 가는 무리수였던 것을 어렴풋하게나마 기억하고 있을 것이다. 그런데 도대체 이 숫자가 어디서 어떻게 나왔는지, 그리고 무슨 의미가 있는지에 대해서는 대부분 아리송할 것이다.

1보다 정말 살짝만 큰 수를 엄청나게 많이 제곱하면 이것이 무한대로 갈지, 아니면 특정 값으로 수렴할지에 대한 답이 '오일러 수'다. 좀 더 구체적으로 살펴보자. 1을 아무리 여러 번 곱해도 여전히 1이다. 즉, 1의 100만 제곱은 그냥 1이다. 그런데 (1+0.01)을 100만 제곱하면 어떻게 될까? 1보다 약간 더 큰 1.01이라도, 거의 무한대로 곱하면 무한대로 커진다.

그런데 이제는 1에 더해지는 숫자와 지수를 역비례하게 만들어 보자. 지수 승에 붙는 숫자가 더 커질수록, 1에 더해지는 숫자는 더 작게 만드는 것이다. (1+1/1000)을 천 번 서로 곱하고, (1+1/10000)을 만 번 서로 곱하는 것처럼 말이다. 이렇게 계산해 보면 놀랍게도 약간씩 증가하다가 종내에는 2.7182818……로 수렴한다. 계산기가 허용하는 범위 내에서 몇 개만 검산해 봤다.

(1+1/10)의 10승=2.59374…

(1+1/100)의 100승=2.70481…

(1+1/1000)의 1000승=2.71692…

(1+1/10000)의 10000승=2.71814…

(1+1/100000)의 100000승=2.71826…

처음에는 조금 빨리 커지는 듯하더니 10만 승에 이르면 벌써

2.7182818에서 좀처럼 증가하지 않는 것을 보여 준다. 오일러의 수 e는 로그가 고안된 후, 로그함수의 미분을 구하면서 나오게 되는데, 1+1/1+1/(1×2)+1/(1×2×3)+1/(1×2×3×4)+……으로도 구할 수 있다. 뒤로 갈수록 더해지는 양이 적어 앞의 3항에서 2.5가 만들어지고, 4항부터 무한대까지의 항은 겨우 0.2182818…에 불과해 별 보탬이 안 된다.

그러면 도대체 일상생활과는 전혀 관계없어 보이는 이 괴상한 숫자는 과연 어디에 사용될까? 고대인들이 이 숫자를 알았거나 혹은 사용했던 희미한 흔적이나 증거라도 있는 것일까?

확실히 있다! 놀랍게도 사채업자들, 아니 더 범위를 좁히면 일수업자들은 오일러의 수를 알고 있었다. 일수업자들은 돈을 빌려주고 하루 단위로 이자를 계산해서 돈을 버는 '지하경제' 종사자들이다. 오일러가 스위스의 은행업자들에게 가르쳐 준 것이, 한국의 일수업자들에게까지 전해졌을 리는 없고, 일수업자들은 경험적으로 오일러 수를 알고 있었던 것이다. 이제 그 증거를 찾아보자.

일수업자들은 한 달에 한 번씩 이자를 챙기면 될 일을 왜 귀찮게 매일 카드에 '일수'를 찍는 것일까? 연 이자율 12%로 사채업자에게 돈을 빌렸다고 치고 계산을 해보자. 연 이자를 기준으로 해마다 1회 복리로 계산하여 빚을 10년 후에 일시불로 갚는다면, 지불해야 할 총액은 원금의 (1+0.12)의 10승=3.1(원금 1 + 이자 2.1 = 총 금액 3.1)이 된다. 10년 후 이자만 원금의 2.1배다. 이제 동일한 이자율을 월별로 적용해 보자. 연 이자가 12%이니, 월 이자율은 1%가 되고, 10년을 달로 계산한 120개월 동안의 복리 계산은 (1+0.01)의 120승=3.3이다. 그러니까 갚아야 할 이자만 원금의 2.1배에서 2.3배로 늘어나게 된다.

이제는 일수업자들처럼 하루 단위로 이자를 적용해 보자. 한 달을 30일, 1년을 360일로 단순화하면 (1+0.01/30)의 3600승=3.32가 된다. 갚아야 할 이자만 원금의 2.32배로, 월 이자 적용 때보다 약간 더 늘어났다. 그런데 더 악착같이 돈을 벌려고 이자율을 시간 단위로 나누어 계산한다고 한들, 거의 비슷하다. 동일 비율의 이자에서 최적의 계산 단위는 바로 하루라는 것을 오랜 경험을 통해 배운 것이다.

약간 게으른 일수꾼이라면 매달 이자를 받아도 큰 손해는 없는 것이다. 일상생활에서도 오일러의 고차원 수학이 살아 숨 쉬는 부분이다. 현재 대부분의 은행들도 일수업자들처럼 이자 계산을 하루하루 하는 것으로 알고 있다. 혹시 고객에게 빌려준 돈은 하루 단위로 계산하지만 고객이 맡긴 예금은 월별로 이자를 계산하여 차액을 챙기는 꼼수 은행은 없겠지?

수학은 입시에서의 변별력 평가를 위한 도구로만 사용되는 것이 아니라 우리의 일상과 사고의 근간에도 관여한다. 수학은 치매 예방을 위한 후유증 없는 약이며, 의미 있게 시간을 보낼 수 있는 취미도 될 수 있다. 그리고 컴퓨터 사용에 능한 젊은이들과 경쟁해야 하는 중년에게는 자신의 존재를 지켜 줄 수 있는 보검이 될 것이다.

오십보백보
그리고 시작이 반

과학기술은 숫자를 공급하고 평가하는 학문이라고 필자는 정의한다. 숫자 없는(좀 더 멋있게 말하면 '정량적 분석 없는') 과학기술은 팥 없는 찐빵이라는 생각을 하다가 우연히 숫자가 들어간 속담과 격언이 생각났다. 예를 든다면, '수염이 석 자(90.9cm)라도 먹어야 양반'이라든지, '말 한마디로 천 냥(10억?) 빚을 갚는다'든지 찾아보면 부지기수다.

그 비슷하게 숫자로 만들어진 금언인 '오십보백보'는 맹자가 '그 나물에 그 밥'을 설명한 예화다. 맹자는 "전쟁터에서 50보 도망간 군사가 100보 도망친 군사를 보고 겁쟁이라고 놀릴 수 있느냐?"고 말했다고 한다. '대동소이大同小異'를 말하는 이 속담은 중대한 과오를 저지른 사람이 가벼운 실수를 한 사람까지 싸잡아서 물귀신 작전을 펼 때 자주 사용되기에,

사실 필자는 이 경구를 별로 좋아하지 않는다.

필자는 분명히 50×2=100이라고 말해 주고 싶다. 50보와 100보 사이에는 정확히 두 배의 차이가 있다. 도망을 쳤다고 했으니, 마이너스 개념을 적용하더라도 −50×2=−100이다. 전진(플러스)했든지, 도망(마이너스)쳤든지 정확히 두 배 차이다. 완벽하지 않으면 다 틀린 것이라는 플라톤의 이상주의 개념을 가진 사람들이 있다. 그래서 결국은 내가 틀린 것처럼 너도 틀렸다고 주장하는 것이다. 하지만 다른 사람의 답이 오차를 2배 줄였다면 그것을 2배 더 훌륭한 것으로 평가해야 과학적이다.

이제 '시작이 반'이라는 속담으로 가보자. 이 말의 출처를 정확히 모르겠다. 시작은 제로이거나 아니면 겨우 델타(아주 적은 양)에 불과할 것이다. 그러므로 도저히 "시작=0.5×전체"라는 방정식이 성립될 수 없다. 하지만 필자는 이 수식은 '오십보백보'와는 다르게, 수학적으로나 과학적으로 맞다고 생각한다. 왜 '시작이 반'에게는 '오십보백보'와 다른 잣대를 들이대는 것일까? 뒷받침할 만한 논리적 근거가 있다.

예를 들어 누가 통닭집을 차렸다고 하자. 그는 분명 통닭집을 이제 막 시작했을 뿐이다. 하지만 그 시작은 개업식에 온 손님들 눈에 보이는 시작일 뿐이고, 그는 훨씬 이전부터 많은 고민과 준비를 해왔을 것이다. 보쌈집도 아니고 김밥집도 아니고 왜 하필 그 많은 치맥집 중 하나인 통닭집이어야만 하는지를 놓고, 수도 없는 조사와 고민 그리고 질문을 해온 결과가 개업식이다. 눈에 보이는 것만 보고 다른 사람들은 겨우 시작일 뿐이라고 판단하겠지만 당사자가 일을 본격적으로 시작했을 때는 벌써 반 이상을 온 것이다.

과학기술도 이렇게 보이지 않는 부분, 보기 어려운 부분들까지 계량화하려고 노력해야 한다. 혹시 중요한 일의 시작이 두려워 차일피일 미루며 시간만 보내는 분들이 있다면, 우선 저질러 보라고 권하고 싶다. 그러면 벌써 반은 끝나는 것이다. 그리고 나머지 반도 '운칠기삼'의 겸손하고도 결연한 마음으로 밀어붙이면 잘될 것이다. 이제 전혀 가보지 않은 새로운 길 앞에 선 분들의 건투를 빈다.

진법 이야기

현재 우리가 일상에서 사용하는 진법은 10진법이다. 컴퓨터는 2진법을 사용하지만, 구소련이 컴퓨터를 개발할 때는 3진법을 사용했다고 한다. 3진법은 미국이 개발한 2진법 컴퓨터에 밀려 결국 세상에서 빛을 보지는 못했다. 영미 단위계 중 하나인 '야드Yard'는 3피트를 말하는 것이니 3진법의 흔적이 있다. 4진법으로는 무엇이 있을까? DNA가 4진법이다. DNA는 A, C, G & T로 표기되는 네 가지 다른 요소로 정보를 저장한다. 5진법이 사용된 흔적은? 구슬이 아래에 4개가 달리고 윗줄에 하나씩 달린 주판이 바로 5진법이며, 반장 선거를 할 때 득표 숫자를 '바를 정正' 자로 표기하는 것도 전형적인 5진법이다. 6진법은? 잘 사용하지 않았지만, 우리나라 아파트 단위인 '평'이 가로-세로 6자인 정사각형 넓이다. ('자'는 영미 단위인 '피트'와 아주 비슷하여 30cm가 약간 넘는다.) 7진법은 달력에 있다. 같은 요일이 7일마다 반복되니 7진법이다. 평년은 365일까지 있어 7로 나누어지는 가까운 숫자는 350+14=364이다. 1년 동안 모든 요일이 돌고 나면 항상 하루가 남는다. 그래서 2015년 1월 1일은 목요일인데, 2016년 1월 1일은 남는 하루 때문에 요일이 밀려서 금요일이 된다. 윤년인 2016년을 지나면 그다음 해 2017년 1월 1일은 요일이 두 개 밀려서 일요일이 된다. 자기 생일과 공휴일이 해마다 하루씩 늦춰진 요일로 돌아온다는 것을 기억하면 도움이 된다. 8진법, 9진법의 예는 찾지 못했다. 제일 많은 것은 역시 10진법이다. 인간의 손가락이 10개이다 보니 셈을 하기에 가장 좋다.

그다음으로 12진법, 16진법, 20진법, 24진법, 60진법 등이 있다. 16진법의 흔적은 프랑스어에서 찾아볼 수 있다. 불어는 1부터 16까지는 고유한 철자를 가진다. 하지만 17부터는 10에 7을 더한 것으로 말한다. 20진법은 아마도 손가락과 발가락을 더하면 20개인 탓에 생겨났을 것이다. 단위 중에는 오징어 '한 축'이 20마리다.

좀 더 자세히 보아야 하는 것이 12진법이다. 동양에서는 12간지가 있고 서양에서는 '더즌dozen'이 12개를 말한다. 현재 12진법이 사용되는 곳은 12개월과 12시간이다. 왜 12진법이 사용되었을까? 여러 숫자로 나눌 수 있기 때문일 것이다. 12는 2, 3, 4, 6으로 나누어진다. 굉장히 중요한 것은 3으로도 나누어진다는 것이다. 10은 겨우 2, 5로만 나누어진다. 옛날에 추수를 하거나 사냥을 하여 총 수확을 서로 공평하게 나누는 제도는 12진법으로 쉽게 구현되었을 것이다.

이 글 처음부터 여기까지 도대체 무슨 이야기를 하는지 모르겠다는 사람들을 위해 예를 들어 본다. 피자 한 판을 시켜 10조각으로 나누었다면, 친구 여러 명이 나눠 먹기가 쉽지 않다. 오직 2명이나 5명이 모였을 때만 가능하다. 그러나 12조각으로 나누었다면 2명, 3명, 4명, 6명이 모여도 공평하게 나누어 먹을 수 있다. 숫자 12가 나누기에 적합하여 우리는 12개월로 이루어진 1년을 여러 종류로 나누어 생활에 활용한다. 우선 1년을 둘로 나눠 상반기-하반기로 부른다. 서양의 많은 대학들은 학사력을 3으로 나누어 1년을 3학기제Trimester로 운영한다. 기업들은 1년을 4분기로 나누어 실적을 계산한다. 인간이 아니라 자연에 의해 나뉜 것이지만, 춘하추동이라는 사계절도 1년을 4로 나눈 것이다.

그런데 원래 서양 달력은 1년이 10개월이었다고 한다. 중간에 7월과 8월이 들어가서 12개월로 늘어났고, 율리우스 카이사르(시저)와 아우구스투스를 7월과 8월의 이름으로 삼아 줄라이July와 어거스트August로 개명했다. 이 이야기가 믿기 어렵다면, 원래가 10개월이었다는 증거를 보여 주겠다. 우리가 10월이라고 하는 October의 Octo-는 8을 나타내는 접두사다. 다리가 8개인 문어를 Octopus라고 하듯이. 12월은 December인데 dec-은 10을 나타내는 접두어다. 그래서 10년을 '데케이드decade'라고 한다. 즉, 7월부터는 두 달씩 밀려서 8월이 10월이 되고, 10월이 12월이 된 것이다.

24진법(하루 시간)이나 60진법(분, 초)은 12진법에 다른 숫자를 곱한 12진법의 아류에 속한다. 특히 60진법은 12에 5을 곱하여 12진법에서는 불가한, 5로 나누어지게 한 진법이다. 옛날 바벨로니아의 함무라비 왕은 하루 종일 타는 촛불을 만들어 3분의 1이 탈 때까지는 백성들이 자고, 다른 3분의 1 동안은 일하고, 마지막 남은 3분의 1은 쉬라고 명령했다고 한다. 사실이라면 인류 최초의 하루 8시간 노동제가 이때부터 생긴 것이다. 아직까지도 한국 사회가 못 이룬 노동 과업인데 말이다.

3으로 나누어지는 하루 시간을 구성하려면 12시간이나 24시간제를 사용하는 것이 좋다. 군대에서는 24시간제를 사용하여 오후 3시를 15시라고 하는데, 프랑스에서는 민간인들도 전부 24시간제로 말한다. 24시간제는 시차 계산에서 필수적이다. 예를 들면 서울이 시계로 8시를 가리키고 있고 다른 도시가 10시를 가리키고 있다면 그 도시가 오전 10시인지, 오후 10시인지 알 수가 없다. 시차를 정확히 표시하려면 반드시 24시간을 숫자로 표시하는 디지털시계를 걸어 두어야 한다.

숫자와 진법은 언어보다 더 우리 삶에 직접 영향을 끼치는 요소다. 지금이 몇 시인지, 돈이 얼마 남았는지, 도착하려면 얼마나 더 운전해야 하는지, 지금 내 몸무게와 혈압은 얼마인지, 가고 싶은 대학의 커트라인은 얼마인지, 지난주에 산 주식이 지금 얼마나 올랐는지, 출근 복장을 위해 내일 아침 온도는 얼마인지… 이 모든 것이 숫자다. 감성이라곤 없이 사막처럼 건조해 보이고 지겹기만 한 숫자에 우리가 정을 좀 붙이려고 노력해야 할 이유다.

제대로 가는 세계화

프랑스 주간지 「르푸앙」에서는 '프랑스인은 누구인가?'라는 제목으로 50페이지가 넘는 특집 기사를 실은 적이 있다. 잡지를 가지고 다니면서 제법 자세히 읽어 보았는데, 흥미로운 부분이 많았다. 많은 프랑스 사회학자들이 내린 결론은 대체로 아래 두 가지였다.

첫째, 세계 무대에서 프랑스의 영향력은 과거에 비해 현저히 축소되었다는 점. 둘째, 그 원인 중 가장 중요한 것은 세계화를 이루는 데 실패했거나 늦었기 때문이라는 점.

기사는 프랑스는 세계화를 시대 현상으로만 보는 줄 알았는데 이제는 동행해야 할 길로 여기고 있고, 이에 대해 많은 지식인들이 공감하고 있다는 내용이었다. 기사를 읽은 후에 이들이 말하는 세계화란 무엇일까를 생각해 봤다. 프랑스의 경우는 자신들과 핏줄과 언어가 비슷한 미국을 잘 이해하면서도 영어화를 추진하지는 않았다. 필자는 이것이 그들의 가장 큰 실수라고 보지는 않는다. 만약 프랑스가 영어화를 진행했다면, 영국과 달리 국경이 육지로 여러 나라와 연결된 프랑스는 과도한 유입 인구에 몸살을 앓았을 것이기 때문이다. 프랑스어를 요구하는 노동 시장이 진입 장벽을 자연스럽게 만들었다. 알제리 등 프랑스어를 하는 북아프리카 국가들의 인구는 모두 합해서 1억이 안 된다. 영어 구사 국가인 인도는 고사하고 파키스탄 인구의 절반밖에 안 되니 상당히 짐이 가벼운 것이다.

필자가 생각하는 프랑스 세계화의 실패 원인은 아시아를 이해하는 데 있어 너무 게을렀다는 것이다. 프랑스에는 한국, 일본, 중국 이민자가 미국이나 영국에 비해 현저히 적다. 그러니 영미권에 비해 유럽 대륙은 아시아 3국에 대한 이해도가 현저히 낮다. 유럽은 두 차례 대전 후에 경제를 어느 정도 살렸고, 베를린 장벽 붕괴 후 냉전을 극복한 다음에는 다시 유럽에서 전쟁이 없도록 하는 일에 매진해 왔다. 그래서 철천지원수 같았던 이웃 나라들이 이제는 손을 잡고 유럽연합이라는 합의체를 이끌어 냈다. 대부분의 국가들을 유로화에 끌어들이면서 유럽연합은 유엔보다 훨씬 강력한 연대로 뭉친 '운명 공동체' 건설에 성공했다.

하지만 세상일이 가장 중요한 것 하나만 끝냈다고 되는 것이 아니다. 유럽 대륙은 그동안 아시아에서 일어난 변화를 간과했다. 아니면 자신들의 문제를 해결하느라 상대적으로 고립되어 편안했던 미국에 비해 시간이 모자랐을 수 있다. 어쨌든 이제 아시아는 정치적으로나 경제적으로 세계 최강 지역으로 떠올랐다. 특히 시장으로 말한다면 14억이 넘는 중국 인구가 경제적으로 구매력을 가지기 시작했으니, 누가 중국 시장을 가지느냐가 누가 돈과 파워를 가지느냐는 말과 동의어가 되었다. 그렇다고 과거 아편전쟁 때처럼 유럽이 쉽게 아시아를 수탈할 수 있는 시대도 아니다. 과거 역사를 따라 영국은 인도, 프랑스는 북아프리카, 독일은 터키 쪽만 신경 쓰다가 유럽은 떠오르는 극동 아시아를 뒤늦게 주목하게 되었다.

남의 집 이야기는 이 정도로 하고, 우리 사정으로 고개를 돌려 보면 어떨까? 현재 우리에게 있어 세계화란 영어화, 그리고 미국화다. 하지만 좀 더 객관적으로 보면 세계화란 미국, 유럽, 아시아 3개 대륙의 다른 시스템을 이해하고 효율적인 방법을 도출하여 자기 나라를 바꾸고 다른 나라와 교역, 교류하는 것이다. 그러니 FTA 같은 것이 가장 전형적인 세계화의 산물이다.

우리는 미국식 세계화에 어느 정도 성공했다. 그런데 우리 내부, 즉 아시아 내부의 자유로운 거래 시장은 아직 만들지 못했다. 시시포스의 신화처럼 고생해서 밀어 올려 두면 얼마 안 되어 굴러 내려가 버리는 꼴이다.

우리는 당장 아시아보다는 남북문제부터 풀어야 한다. 일본과 국가대표 축구 경기를 하기만 하면 독립운동 분위기가 조성되는 것도 참 코믹하다. 다른 축으로는 우리가 미국을 이해하는 것에 비한다면 유럽에 대한 이해는 아주 부족하다. 미국식은 표준화·규격화가 되어 있다. 언어도 영어만 알면 되고 방식도 심플하다. 미국은 말하자면 강남 같은 나라다. 벌판에다 쭉쭉 밀어서 건설한 '계획형 국가'인 셈이다. 반면 유럽은 강북이다. 기존에 있던 건물을 놔두고 그 옆으로 길을 내고 가게를 만들고 하다 보니 길은 좁고 구불구불하며 시스템이 복잡하다.

하지만 앞에서 유럽이 한 가지만 하고 다른 것을 못 하여 뒤졌다는 지적처럼, 우리도 미국화만 달성했다고 세계화에 앞섰다는 자부심을 가지는 것은 안일한 생각이다. 구절양장 고갯길 같은 유럽도 알아야 하며, 멀리만 바라보는 눈을 낮춰 아시아도 자세히 봐야 한다. 유럽에 대한 이해가 낮은 것에는 동의하지만 아시아도 잘 모른다는 말에는 동의할 수 없다는 독자들이 있을지 모르겠다. 우리는 아시아 이웃 나라들을 비즈니스 파트너로 볼 뿐 친구로 보는 시각이 모자라다. 상대를 무시하면서 계속되는 비즈니스가 어디까지 갈 수 있을까? 그리고 아랍권 국가들에 대한 이해는 거의 깜깜이다. 이게 우리 세계화의 현주소다.

한국을 방문하면 교보문고에 꼭 들러 보는데, 그때마다 늘 놀라곤 한다. 언어별 외국어 책이 우리 세계화의 메뉴라는 것을 알게 해주기 때문이다. 영어 참고서는 그야말로 넘쳐난다. 일본어와 중국어도 제법 많은데 독일어〉불어〉러시아어〉아랍어로 내려가면서 책장의 크기는 지수함수적으로 줄어든다. 불어 서적 코너는 우리 집 서재보다 더 빈약해 보였다.

우리 같은 후발주자들은 일단 선택과 집중에 매진해야 한다고 주장하는 사람들이 많다. 그러나 너무 지나치면 넓힐 수 있는 시기를 놓치고 관성적으로 계속 집중에만 매달리게 된다. 그리고 이제 우리는 후발주자라는 명찰을 슬쩍 내려놓아도 된다. 표준화 단일화만이 아니라 다양화 현지화도 포함된 패키지라야 제대로 가는 세계화다. 예전과 그리 달라지지 않은 구불구불한 강북 길이 강남대로보다 더 정감이 가는 것처럼, 세계화에서도 구부러진 길, 사람들이 많지 않아서 포장이 덜 된 길로 걸어 보아야 성찰도 깊어지고 이야깃거리도 많아질 것이다.

미분 철학과 적분 철학

미분이란 그래프의 기울기다. 반면 적분은 그래프 아래의 전 면적을 말한다. 그래서 미분은 민감하게 순간의 변화를 읽는 것이고, 적분은 전체를 다 더해 가는 둔중한 작업이다. 미분과 적분의 차이를 조금 더 알아보자. 매월 100만 원씩 5년간(60개월) 저축을 하다가 어느 한 달, 300만 원을 통장에 넣었다고 하자. 6,000만 원이던 예금액은 마지막 61번째 달의 300만 원까지 더하여 6,300만 원이 된다. 마지막 달에는 평소의 세 배나 저금했는데도 총액은 겨우 5%만 증가한다. 한 번 예금액을 늘렸으니, 한 술 밥에 배부를 수 없는 것이다.

그런데 이번 달 예금액이 300% 늘었다는 사실만 부각되면 큰일처럼 착각할 수 있다. 둘 다 엄연한 사실이다. 예금 총액이 겨우 5% 늘어난 것도 사실이고, 마지막 달에 예금이 300%로 엄청 늘어난 것도 사실이다. 5% 늘어난 사실은 적분에 의한 평가이며 3배 늘어난 것은 미분에 따른 평가다. 마지막에 대폭 늘어난 예금액은 지속되지 않는다면 그냥 일회성 해프닝이다. 그래서 지속성 없는 미분 값은 예외나 노이즈(잡음)에 불과하다. 여기서 가장 중요한 '팩트'는 현재 보유하고 있는 총액(적분)이다.

그러나 언론은 갑자기 300%가 증가한 마지막 예금(미분)에 초점을 맞춘다. 왜냐하면 대세에 지장 없는 '팩트'보다 갑자기 늘어난 '이벤트'가 더 장사되는 기삿거리니까. 주가 지수가 보도될 때를 다시 한 번 살펴보자. 지진 기록처럼 아래위로 심하게 요동치는 그래프를 보여 주지만, 왼쪽의 눈금과 맞춰 보면 거의 그대로인 경우가 많다. 변화를 너무 확대해서 보여 주기 때문이다. 이런 착시 효과를 통해 사실을 왜곡하거나 과장하는 성격이 언론에게 있다.

요즘은 미디어의 힘이 너무 커져 정부는 물론 대기업들도 언론의 눈치를 본다. 큰 사건이라면 법원에 가기도 전에 언론에 의해 판결이 난다. 정치부 기자단이 살생부를 작성하면 중간급 정치인 한 명 정도를 아웃시키는 것도 식은 죽 먹기고, 키워 주는 것도 여반장이다. 그래서 요즘 민주주의는 분립된 삼권이 균형을 맞추고 상호 견제하기보다, 분립된 삼권이 모두 언론에 아부 경쟁을 하는 분위기다.

정치권에는 이미 상당수의 고참 언론인들이 포진하고 있다. 국민의 알 권리를 위해 정치권과 싸워 달라고 펜을 쥐어 주었는데, 기자들의 꿈이 장차 국회에 진출하거나 청와대 비서관이 되는 것이라면 언론의 중립성은 훼손될 수밖에 없다. 칼럼 쓰는 글쟁이들은 그들이 정권을 잡으면 국가를 금방 에덴동산이나 무릉도원으로 만들 수 있을 것처럼 말한다. 복잡한 일에는 양면성이 있기 마련이라 신문들은 어쩔 수 없이 어정쩡한 양비론을 들고 나올 때가 많았지만, 요즈음은 아주 직설적으로 정부에게 이런저런 지침을 하달하듯 한다.

필자는 영미권과 프랑스 매체들을 자주 보는데, 그들은 한국 신문들만큼 드라마틱하지는 않다. 한국 신문에는 반지성적이고 천박한 글들이 많다는 생각을 하면서도, 이전투구판 같은 인터넷 신문의 재미를 쉽게 버릴 수 없다. 언론들이 타 진영을 격하게 비난하는 탓에 자기도 모르는 사이에 보수와 진보로 양분된 민중들은 언론의 논조를 마치 자신의 생각인 양 비판 없이 따르고 있다. 정답은 그 가운데 어디에 있겠지만 양쪽 진영은 입장을 확실히 밝히라며 사람을 겁박한다. 그래서 중용은 이쪽이나 저쪽 모두에게 기회주의자로 찍힌다. 만약 대선-총선 투표율이 프랑스처럼 80%에 이른다면, 언론들이 원색적인 선동을 쉽게 하지는 못할 것이다. 자기 언론사는 침묵하는 다수의 목소리를 대변한다는 뻔뻔한 말을 할 수 없기 때문이다.

일전에는 대학생들이 언론의 대학 평가를 거부하는 소동이 있었다. 자기들에게 좋은 결과가 나온 것만 발췌하여 홍보하는 대학들도 문제지만, 공개적인 평가 결과가 없을 수는 없다. 평가 결과를 비판하는 것은 좋지만 평가 발표 자체를 없애자는 주장은 너무 나간 것이다. 만약 이런 평가마저 없다면 대학 사정에 어두운 시골 출신 입시생과 학부모들은 풍문에만 의

존하여 대학을 선택해야 하기 때문이다. 대학 사정을 훤히 꿰고 있는 강남권 학부모들만 국민이 아니기 때문에 대학 평가가 없다면 국민들의 알 권리는 심하게 훼손될 것이다. 그리고 순위 평가가 없으면 사회적 인지도가 높은 전통 있는 대학만 항상 이익을 보고 발전을 위해 열심히 노력하는 신생 대학들은 쓸데없이 용만 쓰는 꼴이 될 터이다.

한국 학생들이 미국으로 유학 가는 경우, 유명한 몇몇 대학을 제외하면 속사정을 알기 어렵다. 미국 대학을 어느 정도 아는 중산층 이상의 미국인들에게 순위 평가는 천박할 수 있지만, 유학 오는 외국인 학생들에게는 정말 소중한 정보다. 필자는 오래전에 미국 대학을 소개하는 유학 가이드 책을 낸 적이 있다. 이때 미국 대학의 랭킹에 대한 제법 심도 있는 조사를 했었다. 필자는 랭킹을 무시하지도 말고, 너무 믿지도 말라고 조언했다. 하나 마나 한 소리라고? 부연 설명한 디테일 팁도 소개했다. 올해나 작년 랭킹만이 아니라, 적어도 최근 5년간의 랭킹을 모아서 대학을 판단하는 것이 좋다고 했다. 지난해에 죽을 쒔다가 다음 해 고공 상승하는 미분 값으로 랭킹을 받아들이지 말고 몇 해 동안의 평가를 모은 적분치로 판단하라는 뜻이다.

대학 순위를 매기는 언론사들은 상업 회사들이다. 만약 해마다 순위가 동일하다면 누가 그 신문이나 잡지를 사서 보겠는가? 그들 입장에서는 해마다 조금씩 순위를 비틀어야 장사가 된다. 하지만 대학이 한 해 만에 갑자기 엄청 좋아지거나 나빠질 수 없다. 한 해 만에 등락폭이 크다면 대학 측이 자료를 부풀렸거나 성실하게 안 보낸 경우, 그리고 언론사가 평가 항목이나 가중치를 바꾸었기에 생긴 현상이다. 그래서 5년치 정도를 모아 평균을 비교해 보면 거의 정확하다. 그리고 꾸준히 약진하는 대학과 점점 뒤처지는 대학이 보인다. 줄 세우는 문화가 싫다고 대학 순위를 거부하는 학생들이 있겠지만, 혹시 앞섰던 순위가 뒤로 밀렸기에 반대하는 것은 아닌지?

미국 유학의 경우처럼 국내 대학 사정을 잘 모르는 외국 유학생이나 국내 시골 학생들의 선택을 위해서도 대학 순위 평가는 중요하다. 그래도 대학 순위 매김은 서열에 민감한 우리 사회에 휘발유를 붓는 꼴이 아니냐고 반문하고 싶을 것이다. 하지만 필자는 이러한 순위 거부에는 다른 배경이 있다고 생각한다. 이미 사회 통념상 정해진 대학 순위가 있는데 그 순위대로 나오지 않는 결과에 대한 반감일 것이다. 말하자면 굳히기를 하고 싶다는 말이다.

그리고 대학 순위를 입학시험 성적과 동일하게 보는 시각도 여전히 팽배하다. 대학 입학 후 학생들은 노력 여하에 따라 4년 동안 많이 달라질 수 있다. 그러나 현실적으로 대학에서 (자격증 따기나 영어 공부를 제외하면) 공부를 너무도 안 하기에 고3 때의 실력이 곧 대졸 실력과 비슷하고, 대학 순위도 입학 순위와 같아야 한다는 것이 상식처럼 통용되는 것이다. 대학 순위는 입학 성적 순위와 얼추 비슷할 테지만 '입학 실력=졸업 실력'이라는 등식은 결국 대학이 필요 없다는 것을 증명하는 논리가 될 수 있기에 아주 위험하다.

얄팍한 언론은 자본주의-민주주의 체제 아래에서 피할 수 없는 동반자다. 누군가를 띄워야 하고, 소음을 만들어야 하고, 불안감을 조성해야 이익이 극대화된다. 이런 사실을 직시하여 미분 값에 휘둘리지 말고 민주 시민들 스스로 정보를 판단해야 한다. 생명 활동이 왕성한 숲일수록 생명을 노리는 해충이 더 많은 것이 생태계다. 자유민주주의 아래에서 충분하고도 안정된 자유를 누리려면 트렌드를 따라잡는 민첩함도 필요하지만 소음을 걸러낼 줄 아는 분석력도 꼭 필요한 덕목이다.

진정한 지성은 의심하는 지성

“나는 언제나 내가 혹시 틀릴지도 모른다는 생각을 해요. 그래서 어설퍼 보이는 젊은 친구들의 의견도 귀담아듣곤 합니다. 그게 비결이라면 비결이겠죠.”

환갑이 다 되어 가는 한국의 유명한 여류 디자이너가 인터뷰에서, 아직도 그 나이에 현역에서 두각을 나타낼 수 있는 비결을 묻는 질문에 답한 내용이다. 한동안 폭풍처럼 몰아쳤던 자기계발서들은 한결같이 확신과 긍정을 강조해 왔다. “모든 사람들이 안 된다고 할 때, 나 혼자 가능성을 봤다!”는 식으로 성공한 사람들의 일화가 단골로 등장했다. 실제로 직장에서도 확신을 가지고 긍정적으로 덤비는 사람들이 더 쉽게 승진한다. 하지만 확신 공식에 아주 익숙한 우리에게, 그 베테랑 디자이너는 자신의 직관을 자주 의심해 본다는 역발상의 메시지를 던졌다.

사실 필자 또한 이 문제로 오랫동안 생각해 왔다. "보는 관점만 긍정적이라고 진실이 뒤집힐 수 있는가?"라는 질문을 스스로에게 많이 해본 것이다. 한참을 생각해 봤더니, 결론은 의외로 쉬웠다. 현재 우리가 하는 많은 일들 중에는 객관성보다 더 우선시되는 것들이 많다. 가령 사람 간의 관계와 비즈니스에서는 과학적 '팩트'는 부차적인 것이고, 상대의 감성을 잘 만족시키며 설득해 나가는 테크닉이 더 중요하다. 그러다 보니 긍정적인 사람에게 더 많이 신뢰가 가고, 같은 일을 해도 확신을 가지고 일하는 사람은 뭔가 다르다고 착각하게 된다. 상사들은 이런 긍정적인 태도에 대해 '자세가 되어 있는 친구'라며 칭찬한다. 긍정적인 사람들이야말로 상사들이 좋아하는 부하 사원, 교수들이 선호하는 제자, 딸 가진 부모들이 원하는 사윗감이다. 결혼할 때도 여성들은 솔직하게 자기 처지를 털어놓는 남자보다는 환상적인 미래를 제시하는 '뻥쟁이' 남자를 선호한다. 우선 듣기에도 좋고 꿈이라도 크게 꾸면 나쁠 것 없다는 논리다.

필자는 이렇게 생각한다. 지위가 낮을수록, 나이가 어릴수록, 그리고 경력이 일천할수록 자기가 대단히 중요한 사람이라고 '착각'할 필요가 있다. 노련한 고참들 등쌀에 못 이겨 주눅 드는 환경에서 자기 확신과 긍정적 마인드마저 없다면 열등감에 짓눌려 하루하루가 괴로울 것이다. 정반대로, 지위가 올라갈수록 그리고 나이가 들어갈수록 자신 없어 하는 태도가 중요한 것 같다. 의지와 확신이 지나치게 강한 지도자 밑에서는 소신 있는 실무자가 나올 수 없다. 나중에는 피곤해지고 자괴감이 만성화되어 "지시만 내려 주세요. 제가 뭘 압니까?"라고 생각하는 직원들이 늘어나게 된다. 일이나 연구에는 언제나 양면성이 있다. 그래서 우리는 합리적 의심을 완전히 지우지 못한 채 주어진 조건 내에서 최선이 불가하다면 차선을, 최악보다는 차악을 선택하는 방식으로 결정한다. 하지만 자기 결정을 너무 믿는 리더 아래에서는 최악의 시나리오를 차마 발설하기 어렵다. 그러다가 나쁜 결과가 생기면 부하 사원들은 상사에게 떠넘기고 상사는 예스맨인 부하 사원들이 문제라며 추악한 공방전으로 이어질 것이다.

과학계에서도 예산을 따내느라 과도한 확신으로 자기 최면술을 구사하는 사람들이 많다. 가난한 제자들 먹여 살리려는 고육지책이면 다행이고, 어차피 정치권이 엉뚱한 데 쓸 돈을 과학에 투자하는 게 남는 장사라는 계산이면 이해할 만하다. 하지만 그렇게 뛰어다니다가 본인마저 속이는 경우가 생길 수 있다. 결국 실패한 프로젝트는 하나도 없는, 10할의 완벽한 타율을 자랑하는 결과물이 나오는 것이다. 이런 문화는 정말 얼굴을 화끈거리게 하는 창피한 일이다. 돈에 앞서 진실이 있는 것이고 프로젝트 위에 과학이 있는 것이다. 과학을 정치와 혼동하는 공무원들도 비판해야겠지만, 과학 현장에서 일하는 연구원들 먼저 지켜야 할 선은 반드시 지켜야 한다.

진정한 지성은 쉽게 믿기 전에 먼저 의심해 본다. "나는 생각한다, 고로 나는 존재한다."는 데카르트의 말은, "나는 의심한다, 그래서 나는 존재한다."로 바꾸어도 무방하다. 의심에 대한 답을 얻으려고 정진하는 것이 진정한 과학의 길이다. 확고한 증거에도 불구하고 자신의 감에 의지하여 의

심하는 '묻지 마 의심병'도 있다. 이와는 다르게 합리적 의심은 병이 아니라 지극히 건강한 과학적 태도다. 합리적 의심은 지적 호기심과도 맞닿아 있다. 구겨진 버버리코트를 입은 형사 콜롬보가 담배를 물고 고개를 갸웃거리지 않고 어떻게 진범을 가려내어 억울한 사람들의 원한을 풀어 줄 수 있겠는가?

답 없어 보이는 일을 하는 것 같은 괴로움과 회의감으로 잠을 설칠 때, 우리는 오히려 조금씩 앞으로 나아간다. 황금이 모래 속에 섞여 있듯이, 진리는 그렇게 의심 속에 비벼져 있는 것이 아닐까? 그래서 과학이든 신앙이든, 지나친 확신은 오히려 무지와 불신앙이라고 말하고 싶다. 자신의 일에 의심이 들어 괴로운 사람들을 위로해 주고 싶다. 자신의 소신을 늘 의심하는 당신이야말로 진정한 과학자라고 말이다.

과학과 언어

최근에 어떤 퀴즈를 풀다가 문제가 이상해서 질문을 했는데 상대방이 어처구니없다는 반응을 보였다. 이럴 때 쓰는 말이 '방귀 뀐 놈이 성낸다.'는 말이다. 문제가 뭐였냐면 '이 그림을 오른쪽으로 90도 회전하면, 바뀌는 그림의 모양은?'이었다. 필자가 문제 삼은 부분은 '오른쪽으로 회전'이다. 흔히 오른쪽으로 회전이라면 시계 방향으로 돌리는 것을 말한다. 지금 여러분이 운전대에 앉아 핸들을 잡고 있다고 생각해 보라. 핸들을 시계 방향으로 돌린다면 윗부분은 오른쪽으로 회전하겠지만 아랫부분은 왼쪽으로 돈다. 그리고 핸들의 오른쪽 부분(3시 방향)은 아래로, 왼쪽 부분(9시 방향)은 위로 움직이다. 회전은 왼쪽-오른쪽도, 위-아래도 없는 운동이다. 회전운동이란 어떤 중심을 기준으로 나아가지도 않고 멀어지지도 않으면서 그 주위를 맴도는 움직임이다. 아마도 오른쪽으로 돌린다는 말은 배나 자동차 운전에서 나온 표현인 것 같다. 핸들 윗부분의 운동과 차의 꺾이는 방향이 동일하니까. 하지만 회전운동은 방향을 돌릴 때만 사용하지 않고 나사를 이용한 잠금 장치에도 많이 사용한다. 나사를 돌릴 때는 자동차 운전과 달리 오른쪽 왼쪽으로 움직이는 것이 없기 때문에 오로지 시계 방향과 반시계 방향으로만 회전을 말할 수 있다.

필자가 이 말에 지나치게 예민한 이유는 어릴 때 겪은 '잔혹사' 탓이다. 6학년 때 중학교 배정 추첨을 했는데, 선생님이 추첨 방법을 설명하면서 추첨용 원통을 오른쪽으로 두 번 돌리고 나서, 왼쪽으로 다시 한 번 돌리라고 했다. 그런데 통이 좀 높아서 통 아래쪽이 더 가까워 보였다. 어른인 선생님이 보면 윗부분이 보여 시계 방향으로 돌리는 것이 오른쪽이겠지만 필자에게는 반시계 방향이 오른쪽이었다. 몇 번 틀린 것을 더 이상 참지 못한 선생님은 필자를 바보 취급했던 기억이 있다. 하지만 추첨 결과는 좋아서 주변 친구들 중에 필자 혼자만 모두들 가고 싶어 하던 중학교로 배정받았다. '바보의 인간 승리'라는 친구들의 축하가 이어졌다.

이런 사소한 단어 사용 때문에 불편함을 느낄 때가 또 있다. 파란불일 때 건너야 한다고 끊임없이 교육받았는데, 아무리 신호등을 뚫어지게 봐도 파란불이 없는 것이다. 거기에는 빨간불-노란불-녹색불만 있었다. 셋 중 하나를 고른다면 그래도 녹색이 가장 파랑에 가깝다는 판단으로 건넜지만 한동안 색맹인지 고민했다. 파랑의 공포는 국어 시간에 더욱 커졌다. '파란 하늘, 푸른 바다…'까지 좋았는데, 그다음 '파란 새싹!'이라는 부분을 소리 내어 읽으면서 숨이 목에 턱 걸렸다. 파란 새싹은 한 번도 본 적이 없었으니까. '나만 모르는 파란 새싹이 있는 것인지, 내가 정말 색맹인 것인지….' 정말 고민이 많았다. 그 후 어른이 되어 일본에 가보았더니 파란 새싹은 없었지만 파란 신호등이 있었다. 일본에서는 적녹색맹을 위해서 녹색에 청색을 가미한 신호등을 사용한다고 했다. 그리고 위키피디아를 찾아보았더니, 한국-중국-일본은 초-파-남-보까지 구분 없이 모두 '청'이라고 말한다고 알려 준다. 그래서 녹음이 우거진 산은 청산이고, 녹색 과일은 청과물이어서 시인 이육사도 당신의 고향에 열리는 녹색 포도를 청포도라고 했다.

과학은 정확성이 가장 중요하고 그 나머지는 필요 없다. 굳이 다른 것이 필요하다면 재현성이다. 그러나 재현성도 정확성을 설명하기 위한 보조 수단이다. 과학과는 대조적으로 언어는 정확성과 경제성 간의 타협으로 만들어진다. 정확하게 말하려면 너무 길어지니까 줄이는 것이다. 그런데 너무 줄이면 혼동되니까 그 사이에서 적당히 타협하여 소통한다. 그래서 정확할 뿐 아니라 경제적으로 표현이 쉬운 방향으로 언어가 진화한다는 것이다.

정확성은 공부로 해결이 되는데, 경제성 때문에 원어민이 아니고는 도저히 알기 어려운 부분이 외국어에 다량 존재한다. 추운 겨울날, 방문을 열면 이미 아랫목을 차지하고 있던 기득권자로부터 "문 닫고 들어와!"라는 명령을 받는다. 논리적 정확성만 따진다면 문을 닫고 나면 들어갈 수 없다. 이 상황을 번역하면 "당신이 들어오든 말든 나는 모르겠고, 문이나 빨리 닫아!"가 된다. 즉, "문을 재빨리 다시 닫는다면, 들어올 수 있어!"라는 조건문이다. 이 긴 표현 대신 "문 닫고 들어와!"로 짧게 소통한다. '이 문을 닫으면 못 들어가는데, 닫을까 말까 그것이 문제로다….'라고 고민하며 열린 문을 붙잡고 서서 계속 찬바람을 들여보낸다면, 당신은 정말 눈치 없는 인간이 되는 것이다. 그래서 언어에는 표현만큼이나 눈치가 차지하는 행간이 넓다. 그래도 열쇠를 '오른쪽으로' 돌리거나, '파란 새싹'이 아름답다는 등의 표현은 어떻게든 좀 고쳤으면 좋겠다. 너무 정확성만 신경 쓰려는 '공돌이' 언어습관 탓일까?

PART 4

엔지니어의 영혼으로 사회를 읽다

시계 없는 사회,
시간 없는 사회

21세기로 들어오면서 세상이 가장 많이 바뀐 부분은 세계화인데, 아이러니 하게도 그 반대인 개인화도 깊어졌다. 즉, 세계화와 개인화라는 양극단으로 달리는 사회 현상이 지난 몇 십 년을 지배했다고 봐야 한다. 개인에게 대표적인 세계화는 해외여행일 것이다. 70년대만 해도 공항 청사에 들어가 본 사람들이 흔치 않았지만, 지금은 외국 한 번 안 다녀온 사람이 없는 세상이니까.

국제 경제에서 대표적인 세계화는 아웃소싱, 그러니까 인건비가 싼 나라에서 제품을 생산하고 물가가 비싼 선진국에다 판매하는 것이다. 시간이 지나면 생산지에서는 인건비를 더 올려 달라고 난리, 생산기지가 철수한 판매지에서는 일자리가 줄어들어 구매력이 떨어진다고 난리가 난다.

덩달아 섞이게 된 낯선 문화와 외국어들 속에서 잡종과 순종들은 끊임없이 갈등한다.

이래서 생긴 역풍이 브렉시트일 것이다. 세계화는 경쟁력이 약한 사람들, 교육 수준이 낮은 사람들을 불안하게 한다. 언제라도 자신의 일자리가 대체될 위협에 노출되기 때문이다. 그렇다고 경쟁력 있는 사람들도 많지 않다. 기술과 시장이 쉽게 바뀌어 안정된 상황이 오래가지 않으니까. 그래서 세계화로 말미암아 불안해진 토박이들의 반이민, 반기업 정서가 점점 커지고 있다. 현시대의 특이한 현상은 가난한 계층들이 오히려 보수당을 지원하는 나라들이 많다는 것이다. 소득을 골고루 나누자는 주장을 하는 진보당을 지원해야 할 저소득층이 오히려 보수당을 지원하는 이유는 이민에 의한 일자리 불안감 때문이다. 영국의 저소득층이 브렉시트를 찬성한 이유도 그렇다. 그래서 소득 수준이 서유럽 대비 20%에 불과한 동구권 나라들까지도 포함하여 비자 없이 일자리를 찾아 옮길 수 있게 한 유럽연합은 스스로가 어려운 국면을 자초했다.

그런데 궁극적으로는 브렉시트가 유럽연합보다 영국 자신에게 더 큰 부담을 안겨 줄 것이다. 그래서 은근슬쩍 취소할지도 모른다. 어쨌든 밥 먹고 사는 정도는 이미 우리가 달성했으니까, 진짜로 염려스러운 것은 영국의 분열주의가 유럽에서 다시 전쟁의 불씨를 잉태하지 않을까 하는 부분이다. 두 차례 세계대전이 모두 유럽에서 일어났는데, 그때마다 자국의 이익을 위해 왕따와 밀당을 구사하다가 생긴 전쟁이었다.

세계화는 지구촌 전체의 과업이니 전문가들에게 맡겨 두고, 우리는 이제 개인화로 시선을 돌려 보자. 개인화를 가장 부추긴 발명품은 자동차다. 열차 타고 다니던 시절, 기차표를 예매하고 출발 시간 전에 여유 있게 나서야 하는 성가심을 자동차가 없애 주었다. 사람들이 일자리를 찾아 도시로 몰려들어 쪽방에서 몸을 세워 잤는데 자동차가 생기면서 교외로 나가 출퇴근하는 것도 가능해졌다. 그래서 거대 공룡 도시들이 생겨났다. 물론 대책 없이 커진 도시의 교통 혼잡으로 다시 자동차는 차고에서 잠자고, 기차의 두더지 버전인 지하철에 몸을 싣는 "Back to the Future"의 삶으로 돌아온다.

그런데 이제 휴대전화가 생기면서 개인화는 자동차와는 질적으로 다른 방향으로 진행된다. 타자와의 소통이 자신의 손바닥 안으로 들어오니 부처님 손바닥을 모든 인간들이 가지게 된 것이다. 그런데 휴대전화에 가장 기본으로 깔린 기능은 시계다. 암호를 풀지 않아도 보이는 것이 시간이다. 그래서 그런지 시계를 안 찬 사람들이 많아지고 있다. 더욱 재미있는 현상은 시계는 손목만이 아니라 거리에서도 사라지고 있다는 것이다. 그 많던 시계방도 줄었고, 거기에 수없이 걸렸던 벽시계도 더 이상 찾아보기 어렵다. 풍요 속의 빈곤을 말해 주는 우리 시대의 상징이 시계가 아닌가 싶다.

미국의 대형몰에서 시계를 찾다가 포기한 적이 있다. 잘 알고 지내던 한 교포 상인의 이야기는, 고객들의 쇼핑 시간을 재촉하지 않으려고 대형몰에는 시계를 배치하지 않는단다. 그러고 보니 큰 슈퍼마켓에서도 벽시계를 본 기억은 없다. 쇼핑에 정신이 나간 엄마가 자녀들의 하교 시간을 잊어버리는 것은 본인 책임이지, 장사하는 사람들이 굳이 빨리 가보라고 알려 줄 필요가 없다는 이야기다. 인터넷 삼매경에 빠져 하루에 평균 두세 시간 이상을 컴퓨터에 바치는 사람들을 위해서도 마찬가지다. 그래서 컴퓨터는 오른쪽 구석에 아주 작게 시간을 표시한다. 마치 보험 약관의 어처구니없이 작은 글씨들처럼 말이다.

여러분은 하루에 몇 번 정도 시계를 보는가? 평균 수명이 늘어나 다음 세상으로 갈 열차 시간은 점점 연착된다는데, 혹시 내가 탈 열차만 예고도 없이 조기 출발하지는 않을까? 지금 흘러가는 시간을 행복하고 의미 있게 보내고 있는지? 아니면 내일을 기약하느라 현재를 희생하는 시간이 계속되는 것은 아닌지? 금수저-흙수저를 나누는 돈과는 다르게, 태어나면서부터 모두에게 공평하게 주어진 시간이 역설적이게도 가장 개인적인 자산이다. 그래서 삶은 어느 정도 공평하며, 그래서 내 삶의 문제는 내가 가장 잘 해결할 수 있는 것 아닐까? 고민 많은 연구 현장이나 정신없이 돌아가는 생산 현장에서도, 가끔씩은 낭만이란 단어를 떠올릴 수 있는 정도의 여유는 가질 수 있길 바란다.

우리나라에 유독
학력 위조가 많은 이유

한국 사회에서는 가끔 졸업장 진위 공방이 뜨겁다. 서양에서는 박사도 목사도, 심지어 장차관들도 직위보다는 이름으로 불린다. 그래서 우선 겉으로 보이는 학벌이나 신분 문제가 별로 없다. 하지만 우리 문화에서는 뒤에 꼭 직함이 붙는다. 대학이나 연구소에서 '~ 씨'라고 부르면, 교수도 아니고 박사도 아닌 사람이라는 뜻이다. 그러니 졸업장이 중요하고 가짜 졸업장을 팔 만한 시장까지 형성되는 것이다. 사실 비싼 학비와 허접한 과정을 거친 후 수여되는 졸업장도 일종의 위조 서류다. 종이에 찍힌 직인은 진짜일지라도 품질은 영락없는 위조 졸업장인 것이다.

가짜 졸업장 현상을 두고 우리 사회는 '거짓말은 무조건 나쁘다.'는 공격파와 '학력 만능 사회가 만든 현상이다.'라는 방어파의 전투가 요란했다. 얼마 전까지 필자는 교육 '제도'를 잘 정립해야 국가가 제대로 돌아간다고 생각했다. 하지만 요즘은 생각이 약간 달라졌다. 교육 '문화'가 잘 정립되어야 나라가 똑바로 간다는 쪽으로 말이다. 교육은 제도로만 고치기에는 한계가 있고, 그 사회의 문화가 제대로 바뀌어야 한다.

대학 입시를 백 번 뜯어 고친다고 교육 문제가 개선되는 것은 아니다. 사실, 교육 제도는 고칠 만큼 고쳐 봤고 보완할 만큼 해봤지 않은가? 예비고사 –본고사, 선 지원–후 시험, 수시, 특기 입학, '한 가지만 잘해도…' 등 별의별 방법을 전부 적용해 봤지만 여전히 문제가 많다. 그러니 교육부가 없어지면 오히려 교육이 제대로 굴러갈 것이라는 말에 필자는 동의하지 않는다. 그보다 한국 사회가 얼마나 학벌에 관심이 많은지를 살펴보자.

20세 이상 성인들의 가장 중요한 정체성은 '어느 대학 출신'인가다. 학벌을 타파하자고 목소리를 높여도 학벌이 좋지 않다면 콤플렉스형 인간으로 분류될 확률이 높다. 즉, 학벌 타파를 주장하기 위해서도 학벌이 필요한 아이러니 속에 우리가 산다. 오랜 시간 내려온 학문 숭배의 한국인 유전자를 하루아침에 바꿀 수도 없는 노릇이다. 그래서 오지랖 넓게도 유전자 조작 없이 학력 문제를 좀 누그러뜨리는 방법을 생각해 봤다.

필자는 고시 제도를 찬성한다. 그러나 고시만으로 고급 공무원을 선발하는 것은 반대한다. 고시 출신으로 올라온 사람 반, 외부 전문가 반으로 고급 공무원 사회를 구성해야 한다고 본다. 요즈음 외부 임용제니, 개방 임용제니 하는 제도가 있지만 겉에 색칠만 해서 무늬만 만들었지 제대로 하는 것 같진 않다. 공무원뿐만 아니라 언론도 마찬가지다. 20대 젊은 친구들로 기자를 구성하고 나면 그대로 고정된다. 대부분의 인기 직종에서 약간만 나이가 들면 직업을 바꾸기가 거의 불가하다. 그래서 대학의 테뉴어 tcnurc 심사 제도도 우리나라 형편에 맞지 않다는 의견들이 있다. 대학에서 교수하다가 중간에 나오면 갈 데가 없다는 것이다. 나이에 따른 서열 문화가 깊어 지긋한 나이에 새로운 일을 하러 오는 사람이나 받아들이는 조직이나 다 부담스러워한다. 오죽하면, 검찰총장 승진 시 아래 기수가 올라오면 그 위로는 모두 '용태'를 하겠는가? 그래도 그것을 아름다운 관행으로 보는 시선도 있다. 어쩔 수 없는 문화적 현실이다.

이제는 공무원 응시 자격에서 나이를 없앴으니 10년 후면 좀 달라질 가능성은 있다. 고시 제도가 공정한 편이지만 분야와 숫자가 한정되어 있기 때문에 우리 사회의 유일한 승자 굳히기나 패자부활전은 외국 유학이 될 수밖에 없다. 미국이 교육 기회를 대신 제공해 주는 셈이다. 특이하게도 한국에서는 대학원에서도 성골인지를 따진다. 즉, 명문 대학일수록 자기 대학 학부 출신이 아닌 사람이 대학원에 진학하면 내부에서 인간관계가 덜 부드럽다. 자기들끼리는 형·동생으로 부르면서 타 대학 출신은 '~ 씨'로 부른다는 이야기는 종종 들었다. 그리고 우리나라의 대다수 대학원은 진학 시험이 수능만큼 공정하지 않아서 바깥세상에서 인정도 못 받는다. 당장 고시와 비교해 보면 알 수 있다. 고시는 상당히 공정한 시험이다. 그래서 합격자들은 출신 학교와 관계없이 상당한 인정을 받는다. 하지만 대학원 입시는 고시만큼 권위가 없다. 고시는 전문 직업으로 나서는 과정이라면 대학원은 학문으로 가는 길이라는 차이는 있지만, 대학 수준의 내용으로 시험을 본다는 면에서 수준은 고시와 동일하다. 그러나 우후죽순 격으로 많고 학연이 칡뿌리처럼 얽힌 대학원 입시는 고시 근처도 못 가고, 아마 9급 공무원 시험의 권위에도 이르지 못할 것 같다.

그나마 필자가 카이스트 석사과정에 입학하던 시절에는 카이스트에 학부가 없을 때여서 공정하고도 수준 높은 입학시험이 있었다. 학력 위조를 줄이고 학벌 사회의 고질병을 누그러뜨리는 좋은 방법 중 하나가 대학원 입시 제도를 객관화하고 엄격히 관리하는 것이다. 그래서 학부와 대학원 시험으로 두 번을 평가하는 2심제로 가야 한다. 그런 면에서 로스쿨 도입은 장점이 있다. 3년간 로스쿨 학비를 댈 형편이 되는 사람만 가능하다는 비판이 있지만, 유학에 드는 정도의 고비용도 아니고 고시 낭인을 양산하지도 않는다. 게다가 2심제 교육 평가가 된다. 즉, 학부는 하위권 대학을 나왔어도 좋은 로스쿨에 진학하여 반전의 기회를 만들 수 있다.

사실 옛날에는 중학교 입시도 있고 고교 입시도 있었기에 중-고-대학의 3심제로 평가했었다. 그래서 적어도 고등학교와 대학교로 동문이 이원화되었다. 그만큼 학벌에 의한 구별도 많았지만, 지금은 그냥 'SKY'라는 줄 하나를 붙잡고 늘어선 꼴이다. 어린 나이에 능력을 평가할수록 학생의 능력보다 부모의 경제력에 많이 좌우된다. 그래서 이제는 대학-대학원 2심제로 조정하는 것이 좋겠다. 나이와 철이 좀 더 든 후에, 대학원 입시로 한 번 더 기회를 주는 것이다. 실제 한국 사회가 숭상하는 미국 교육 제도도 대학과 대학원으로 평가를 나눈 2심제다.

지금 한국은 단 한 번의 대학 입시로 사람을 평가하는 1심제다. 범죄자도 세 번 재판 받을 권리가 보장되는데, 인재를 평가하면서 전시 군사 재판처럼 1심제로 평가하려니 무리가 많다. 모르는 소리 말라며, 외중-외고, 특목고-사사고가 난립해서 중학교와 고등학교까지 포함된, 사실상 옛날 3심제로 회귀했다고 주장할 독자들도 있을 것 같다. 그러나 현재의 특목고 제도는 누구에게나 개방된 국가 제도라고 보기는 어렵다. 오히려 '그들만의 리그'라고 봐야 한다.

교육 정책을 하나 더 추천한다면, 국립대학 내에 '사범 대학원'을 만들어 4년제 대학 졸업자를 대상으로 학생을 받는 것이다. 이곳에서 2년을 공부하면 석사학위를 주고 성적이 일정 수준 이상이면 교사로 임용하면 어떨까? 이런 제도가 도입되면 임용고시는 당연히 여기에 포함되어 없어지고, 교사들의 전문성을 한층 높일 수 있다. 학비는 융자 받아 임용 후 갚아 나가면 될 것이다. 중요한 것은 지원 자격에서 대학별 차등 없이 선발하는 것이다. 사이버대학이나 방송통신대학 졸업생들에게도 물론 동일한 지원 자격을 주자. '사범 대학원'은 필자가 주장한 2심제의 구체적인 예다. 여담이지만, 영어 선생님을 어떻게 영어권 국가에서 공부는커녕 한 번 가본 적도 없는 사람으로 채워질 수 있는지 의문이다. '사범 대학원'을 운영한다면 외국어 과정은 반드시 6개월 정도 연수를 시킬 수도 있다. 그리고 중학교 입시는 없애는 것이 맞다. 떡잎 좋은 묘목이라고 모두 큰 나무가 되지는 않으니까. 어릴 때부터 영민했던 위인들도 많지만, 바보라고 놀림 당했던 영웅들도 흔하다.

존댓말과 욕설의 사회학

요즘 중고생들이 욕을 입에 달고 산다는 기사를 읽은 적이 있다. 사실 필자가 학창 시절 때도 남학생들은 그랬다. 다만 요즈음은 욕이 조금 다양화되었을 뿐이라는 생각이다. 그들이 욕을 입에 달고 사는 이유는 무엇일까? 아마도 권리는 없고 의무만 잔뜩 부과된 삶 때문이 아닐까 한다. 평소에 중고생들은 어른들에게 존댓말을 해야 한다. 그 언어 속에 담긴 억지 공경의 스트레스를 욕으로 푸는 것이 아닌가 생각해 봤다. 좋게 봐주면 그렇다는 이야기이고 싹수가 노란 애들도 물론 있을 것이다. 하지만 성년이 될 때까지는 성선설의 잣대로, 성년 후에는 성악설을 기준으로 인간을 판단하자. 아무튼 존댓말이 있기에 욕이 더 많아졌다는 것이 필자의 평소 생각이다.

존댓말이 발달되지 않은 서양 언어에서는 욕설이 몇 종류 안 된다. 우리

말에는 존댓말이 있다 보니, 다양한 어감이 존재하고 말에 상당히 많은 감성이 혼합된다. 우리처럼 경어가 발달된 일본은 욕 대신 아예 진심을 잘 드러내지 않는 쪽으로 언어생활이 변화되었다. 다혈질인 우리 민족과 차분한 일본 사람들 간의 기질 차이가 아닌가 싶다. 요즘이야 그런 일이 드물지만, 70년대 재래시장에서는 서로 싸우는 사람들이 많았다. 둘러싼 사람들을 비집고 들어가 상황을 살펴보면 애당초의 분쟁 원인은 사라지고 다툼 와중에 상대가 사용한 무례한 '말투'를 꼬투리 삼아 싸움이 커졌다는 것을 알 수 있다.

존댓말은 나이와 신분에 따른 계급을 형성한다. 그래서 토론을 하면 이미 한쪽의 권위를 더 많이 인정하는 불평등을 묵인한 채 시작된다. 회의에서도 동일한 의견을 내거나 질문을 하기보다는 지시를 받아 적는 것으로 끝난다. 질문이 자유롭지 않은 수직 문화는 존댓말과 밀접한 관계가 있다. 필자를 상당히 어려워하는 후배가 있다. 사실 '선후배'는 서양에서는 존재하지 않는 수직 구도의 대표적인 단어다. 이 친구가 가끔 이메일을 보내는데 영어로 써서 보낸다. 그 후배의 심정이 이해가 된다. 글투를 예사 존댓말로 하기도 그렇고, 극존칭으로 쓰려니 나를 노인 취급하는 것 같아 피하고 싶었을 것이다. 그러다 보니, 그냥 영어로 간단하게 인사를 끝내고 바로 본론으로 들어간다. 우리말로 쓰면 서론이 훨씬 조심스럽고 길어질 것이다. 요즘엔 사적인 이메일에서는 이모티콘으로 분위기를 부드럽게 만들 수 있어 천만다행이다.

사회에서 욕을 퇴출하려면 그 반대편에 있는 존댓말부터 없애야 한다는 말이 아니다. 그리고 존댓말이 없거나 간편한 서양어가 더 좋다는 이야기도 아니다. 부지불식간에 우리가 처한 확연한 수직 구도를 스스로 잘 인식하면서 행동하자는 것이다. 그래서 아랫사람들이 나에게 거리를 둔다면 그것을 알아차려야 한다. 이 부분이 해소되지 않는다면 참된 소통은 어렵다. 가정에서, 직장에서, 학교에서 아직은 어려 보이는 그들이 사실은 그렇게 철부지들이 아닌데 다만 사사건건 판단이 많은 당신 앞에서는 그렇게 행동할 수도 있다. 말이 안 통한다는 결론을 내렸기 때문일지도 모른다. 이들과 좀 더 깊이 소통할 수 있다면 당신은 잃는 것보다 얻는 것이 훨씬 많을 텐데 말이다

문과, 이과를 없애면 달라지는 것들

고등학교에서 문과와 이과의 구분이 과연 필요한가 하는 논쟁이 있다. 어떤 대학들은 그런 구별 없이 신입생을 받을 계획을 세우고 있다는데, 한 이공계 교수님이 고등학교에서 문과-이과 구별 폐지를 반대하는 칼럼을 올린 것도 봤다. 사람들이 상황을 충분히 이해하는 것이 중요하겠다 싶어 한번 생각해 보았다.

이과-문과 구분 논란에 앞서 먼저 생각해야 할 것은 현재 대부분의 나라에서 시행 중인 교육 제도는 길어진 인간의 수명을 염두에 두지 않고 옛날 것이 그대로 적용되고 있다는 사실이다. 평균 수명에 비해 너무 일찍 인간의 진로와 계급을 정해 버렸고 패자부활전은 충분하지 않다. 그런 면에서 문과-이과의 구분만이라도 없앤다면 좀 더 진로 결정을 미루는 것이니 다행이라고 생각한다. 우선 외국의 경우를 보며 이 문제를 따져 보자.

대학 학비를 국가가 부담하는 유럽의 경우, 조기에 학생들이 진로를 결정짓도록 국가가 강제한다. 개인이 아니라 국가가 교육비를 투자하니 개인에게 그만큼 자유가 없는 것이다. 하지만 대학 교육비를 자신이 부담해야 하는 미국의 경우는 진로 결정이 자유롭다. 그래서 미국 대학은 입학 시에 전공을 정하지 않고 입학한다. 하버드대학에 합격했다는 뉴스는 들어 봤지만 무슨 과에 합격했다는 소식은 없는 이유다. 복수 전공하다 졸업이 늦어지면 한 해를 더 다니기도 한다. 로스쿨과 MBA에는 엄청 나이 든 학생들도 많고 관련 전공과 거리가 먼 학부 전공자들도 수두룩하다. 자신이 학비를 부담하며 패자부활전이나 승자 결정전에 끼어드는 것이다. 미국 대학 학부에 법학이 있는 대학은 없고 경영학 전공도 많지 않다. 좋은 대학일수록 학부 전공으로 경영학은 제공되지 않는다. 유일한 예외는 펜실베니아대학교(University of Pennsylvania)인데, MBA로 재미를 많이 보고 있기에 학부로도 확대한 듯하다. 미국의 대학은 비록 교육비가 비싸지만 나이 들어서도 자신을 업그레이드할 수 있는 제도를 갖추었기에 명성이 높다. 물론 미국 대학은 여러 장학금을 제공하지만, 프랑스나 독일의 대학처럼 모든 입학생이 동시에 학비를 면제받는 구조는 아니다.

한국은 교육비 측면에서는 개인이 대학 교육비를 부담하는 미국 시스템인데, 진학 시스템에서는 고등학교에서 문과-이과를 나누어 진로를 일찍 결정짓게 만든 유럽식이다. 미국식과 유럽식이 혼재되어 앞뒤가 잘 안 맞는 이유는 무엇일까? 요샌 학비가 많이 올라 개인이 학비를 충당하는 미국식 대학이 되었지만 예비고사가 있던 시절까지만 해도 국립대학 학비는 고등학교와 유사할 정도로 정부 부담이 높은 유럽식이었다. 더군다나 개발 독재 시대에서 '조국 근대화의 기수들'에게는 당연히 유럽식처럼 진로를 일찍 결정짓게 만들었던 것이다. 그런데 그 후 등록금이 슬금슬금 올랐다. 학비만으로 본다면 한국 대학은 유럽식에서 미국식으로 서서히 변했다. 그러나 변화가 은근슬쩍 진행되어 문과-이과 구별에 대한 논의를 할 뚜렷한 타이밍을 못 잡았다. 한국 대학은 앞으로 더욱 미국 제도를 모방할 것이며 또 미국 대학의 경쟁력이 높은 것도 사실이니, 우리도 미국 대학처럼 가는 것이 합리적으로 보인다. 대학 1학년은 기초 과목과 교양 선택, 2학년 때는 전공 기초, 3학년은 전공 필수, 4학년은 전공 선택으로 이루어진 과정이다. 고등학교에서는 문과-이과를 없애고 대학 입학 후에 자신의 적성을 스스로 파악할 시간을 좀 더 주는 것이 필요하다. 문과-이과를 완전히 없애기가 쉽지 않으면, 분야별로 몇 가지 과목을 추가로 선택하게 하여 문과-이과의 뚜렷한 구별 대신 약간의 경향을 띄게 하는 것도 방법이다. 입학 후 학과를 선택하면 비인기 학과에는 학생이 안 온다고 아우성이다. 이 경우는 별 방법이 없이 성적순으로 자르고 부전공을 독려하여 비인기 학과를 채우는 수밖에 없다.

여기에 덧붙여 꼭 도입해야 할 다른 제도가 있다. 앞에서도 2심제라는 개념으로 강조했지만, 대학 학부와 대학원의 입시를 완전히 독립해서 대학원 입시를 객관화하는 것이다. 자기 대학 출신에게 프리미엄을 주는 풍토를 없애고 공정한 경쟁으로 가야 한다. 이 부분이 해결되지 않으면 한국

석박사 학위는 외국에서 취득한 학위와 동등한 권위를 가질 수 없다. 그리고 모든 대학들이 연구 중심 대학을 표방하는 유행을 타파하고 수준이 떨어지는 대학들의 석박사 과정은 폐지해야 한다. 어떤 대학은 학부만, 그리고 좀 더 나은 대학은 학부와 석사, 더 나은 대학 10개 정도는 학부-석사-박사 과정을 모두 개설하는 방식으로 하고 대학원 입시는 타 대학 출신에게도 공정하면 된다. 문과-이과를 없애는 문제도 중요하지만 대학원 입시 공정성 확보가 해결되어야만 연구 중심 대학이니, 노벨상이니 하는 이야기들이 진지하게 논의될 수 있다.

그렇게 미국 제도를 좋아하는 미국 유학파 교수님들은 자신의 성공담을 벌써 잊으셨는지? 미국 학생들과 겨루어 당당히 통과한 GRE 시험 제도와 자격 시험Qualifying Test 덕분에 그곳에서 자신의 존재를 알릴 수 있었다. 이제 미국에서 한국으로 금의환향한 교수들이 주축이 되어 객관적인 대학원 입시 제도를 하루속히 도입하길 권한다. 이 문제가 해결되지 못한다면 한국 사회에서 유일하게 남는 패자부활전은 공무원 시험뿐이다. 인생의 모든 기회를 대입 한 번으로 제한해 둔 사회에서, 공무원 시험 수험생들에게 누가 돌을 던질 수 있을까?

야바위꾼들의
마케팅

지금 우리는 신용카드라는 것을 아주 자연스럽게 사용한다. 분명히 빚인데도 말이다. 누구에게 돈 꿔달라고 말하기는 정말 구차하다. 그런데 신용카드는 묻기도 전에 "우선 이것으로 쓰세요!"라고 말해 준다. 그래서 '일단 쓰고 월급 나오면 갚지 뭐….' 이렇게 쉽게 생각하고 출발한다.

하지만 신용카드는 양복 입은 사채업자다. 처음에 돈을 빌려줄 때는 아주 상냥하지만 나중에 못 갚으면 천천히 목에 칼을 들이댄다. 이자 없이 빌려주는 유예 기간(Grace Period, 멋있게 번역하면 '은총을 베푸는 기간')이 지나면 협박성 고지서를 보낸다. 필자는 한국 신용카드를 사용한 경험이 너무 옛날이어서 미국의 경우를 소개해 볼 터인데, 아마 한국과 아주 비슷할 거라 생각한다.

신용카드를 신나게 쓰고 한 달 후, 신용카드 내역서에 나온 대로 돈을 다 갚은 뒤 다음 달에 또 쓰고 또 갚고…. 이렇게 방어를 잘하면 문제가 없다. 그런데 약간씩 적체가 생기기 시작하면 그때부터 문제가 생긴다. 예를 들어 보자. 지난 달 2천 불짜리 고지서를 받았는데 돈이 없어 1천 불만 갚았다. 그리고 이번 달에 3천 불을 썼다. 그러면 다음 달에는 지지난달 못 갚은 1천 불과 해당 이자가 있고, 지난 달 3천 불은 이자 없는 유예 기간 중이다. 이렇게 되면 '1천 불 + 1천 불에 대한 이자 + 3천 불'을 갚으면 될 것 같지만, 카드 회사들의 산수는 전혀 다르다. 3천 불에 대한 이자도 같이 붙어 나온다. 남아 있는 돈이 있으면 거기에 모든 잔액을 다 넣어 계산한다. 그래서 자금 유동성이 어려워서 아랫돌 빼서 윗돌 괴는 돌려 막기 생활은 점점 무거워지는 돌을 빼고 올려놓기가 사실상 불가해진다.

한국은 법인카드라는 부정부패용 무기를 너무 쉽게 나누어 주고 있다. 견물생심이라고, 지나는 길에 백화점에서 좋은 물건을 보면 '일단 법인카드로 결제하고 나중에 채워 넣지, 뭐….' 하는 식으로 안일하게 생각하다가 채무자의 기억은 쉽게 휘발되기 때문에 결국 문제가 생긴다. 그래도 신용카드는 본인이 직접 결제하니 양반이다.

휴대전화로 한번 가보자. 휴대전화 마케팅은 조폭들이 하는 사업과 별반 차이가 없다. 전화기만 사면 엄청 비싸니까 약정 기간을 정하고 기계를 싸게 산다. 살 때는 좋았는데 얼마 지나 신형 폰이 나오면 바꾸고 싶어도 코 꿰인 기간이 있어 꼼짝 못 한다. 가입은 쉽지만 탈퇴가 어려운 조폭들의 사업 모델을 모방한 것은 아닐까?

필자는 얼마 전 벨기에 여행 중에 휴대전화로 인터넷을 몇 번 사용했다가 요금 폭탄을 맞은 적이 있다. 항의 편지를 보냈지만 영수증 금액은 정당하다는 답장을 받았으며, 답장 도착 이전에 벌써 구좌에서 돈을 빼 갔다. 유럽연합이며 이웃한 나라, 언어도 동일한 벨기에 남부인데도 국경을 구실로 인터넷이 엄청 비싸졌다. 돈을 더 받을 구실만 있으면 최대한 자기들에게 유리하게 논리를 만든다. 얼마 전까지만 해도 전화 회사들은 '3분 1초'간의 통화를 4분으로 계산했었다. 소비자들의 항의가 이어지자 지금은 대부분 1초 단위로 바꾸었다. 휴대전화 서비스 회사들의 시간 계산 방식은 우리 상식과 한참 달랐던 것이다.

인터넷 요금 인하, 통화 시간 계산 방식 등등은 이미 한국에서나 유럽에서 해결된 지 오랜데, 뒷북 아니냐고 슬쩍 귀띔해 주고 싶은 독자들도 있을 것이다. 너무 순진하지 말자. 미리 조치할 수 있는 것들을 고객들의 오랜 항의와 정부의 지침이 만들어진 다음에야 슬쩍 양보하거나 선심 쓰듯 선전해 대는 것이다. 이익은 미리 싹싹 다 긁어 챙긴 다음에 말이다. 돈의 생리다. 돈 되는 것 앞에만 서면 개인이나 회사나 아이큐가 급격하게 좋아진다. 뒤에 질 책임이나 윤리적인 문제들에 대해서는 머리가 아주 천천히 돌아가지만….

전기 사용료 산정법도 너무 복잡하다. 전기료를 조사해 봤지만 도대체 얼마인지 잘라 말하기 어렵다. 시간별로 다르고 사용량에 따라 누진제가 적용되니 언제 얼마나 사용해야 싼지 금방 잊어버린다. 누진제와 시간제는 전기를 절약하자는 취지인데, 복잡하게 만들어 오히려 이용자들을 헷갈리게 하려는 건 아닌지 의문이 생긴다. 그냥 간단하게 "오전 9시~12시, 오후 2시~5시는 비싼 시간이니 전기를 아껴 주세요!"라는 공익광고 한 방이면 쉽게 이해될 문제인데 말이다. 얼마나 쉬운가? '점심 전 3시간, 그리고 점심 후 3시간은 사람이든 기계든 가장 열심히 일하는 시간대'라는 논리니까 말이다. 전자제품을 구입할 때는 필요 없는 기능까지 포함된 기계를 사느라 더 많은 돈을 지불한다.

좀 다른 이야기를 해보자. 생명보험 하나쯤은 들어 두었는가? 그렇다면 보험 약관은 한번 읽어 보았는가? 보험 약관은 글씨 크기로 보면 분명 소비자들이 읽지 못하게 할 목적으로 만들어졌다. 그러고는 나중에 문제가 생기면, 우리가 다 설명했고 약관에도 분명하게 써 있다며 사람을 옴짝달싹 못 하게 만든다. 그때 상품 판매한 사람이 그렇게 말 안 했다며 좀 만나게 해달라면 그 직원 회사 그만둔 지 오래란다. 가입 시에는 모든 것이 가능하다고 선전했는데, 혜택을 받아야 할 때는 그런 것도 모르셨냐고 오히려 핀잔 받은 경험, 정말 많은 사람들이 겪어 봤을 것이다.

미국 이야기를 잠깐 해본다. 한참 전에 민주당 대통령 후보 경선에 브레들리라는 상원의원이 출마했다. 엘리트이면서 농구선수 출신이기도 했던 그는 누진제를 폐지하고 일괄적으로 소득의 10%를 소득세로 하자는 공약을 들고 나왔다. 그리고 덧붙였다. 누진제로 인해 부자들이 세금을 더 내는 것이 아니라 복잡한 세제를 악용해 세금을 아주 적게 낸다는 것이다. 그래서 10% 일괄소득세를 도입하면 미국의 세수가 더 많아진다는 주장이었다. 하지만 부자들과 회계사들의 반대에 부딪혔고 그는 당내 경선을 통과하지 못했다. 복잡한 서류 때문에 대부분이 회계사 도움을 받아야 하는 미국의 세무 시장은 자동차 시장보다 규모가 더 크다는 보도도 이어졌다. 누신세는 원래의 목적과 다르게 오히려 부자들의 탈세를 도와주는 역할을 했던 것이다. 필자는 간단하고도 분명한 '닥치고 10%!' 세법에 찬성한다.

또 다른 어두운 구석을 한번 볼까? 비행기표와 호텔 시장이다. 출장 가서 묵고 있던 호텔 바깥에 붙여 둔 고시 가격을 한번 확인해 본 적 있는가? 인터넷으로 예약한 가격보다 훨씬 비싼데 그 벽보 가격으로 방을 잡는 사람은 아무도 없다. 비행기표도 마찬가지다. 항공사에서 표시한 가격 주고 표를 사지도 않고, 누구도 그 가격을 믿지 않는다. 하지만 외국에서 부모님이 위독하시다는 전화를 받게 되면 어쩔 수 없이 비싼 표를 사야 한다. 갑자기 일정이 변경되어 호텔을 예약하지 못했을 경우에도 처지는 비슷해진다. 비행기 좌석이나 호텔 룸이 없어서가 아니라 고객의 약점을 타깃으로 하는 것이다.

위의 예들은 모두 자본주의 시장에서 가격은 수요와 공급의 타협점으로 정한다는 계명이 만들어 낸 상황들이다. 하지만 수요와 공급이 아니라 소비자의 약점과 정보의 비대칭을 이용한 거의 사기에 가까운 상황도 많다. 그러니 급한 전화는 비싸지만 영상통화까지 가능한 스카이프는 싸다. 통화료가 공짜인 카카오톡은 어떤 '낚시'를 드리우고 수익성을 만들어 내는지 궁금하다. 아무튼 사람만 많이 모아 두면 돈 버는 일은 그렇게 어렵지 않을 것이다. 어떤 낚시(점잖은 말로는 '비즈니스 모델')를 내려 두어도, 그리고 심지어 '낚시 조심'이라는 팻말을 걸어 두어도 덥석 물어 줄 물고기들은 사방에 흔하다.

우리가 만든 문명이 눈속임으로 점철되고 기업과 소비자 간에 잔머리 다툼만 늘어난다. 그러므로 중간에서 심판 역할을 하는 정부는 산업이 천박해지는 것을 막아야 한다. 개인이 정보의 비대칭 때문이나 꼼수에 속지 않고 공정한 시장에서 자유로운 선택이 가능하게 정부가 보장해야 한다. 그래서 자본주의가 만개할수록 오히려 정부의 역할이 더 중요해지는 역설을 정부와 유권자 모두가 잘 이해해야 한다. 피 땀 흘려 이룬 문명을 야바위꾼들로부터 지켜 내려면 말이다.

정치는 과학을 어떻게 바꾸는가

과학기술은 정치와 아주 먼 것 같지만 실제로는 정치와 상당히 가깝다. 좀 직설적으로 표현하면 정치가 과학기술을 하수인으로 쉽게 부려먹는다. 몇 번을 그렇게 당하더니, 언제는 과학기술계에서 국회의원을 많이 배출하자는 운동도 있었다. 역대 대통령 선거를 분석해 보면 두 가지 공통점이 있다. 첫째는, 항상 지방 출신 대통령이 당선되었지만 집권 후에는 서울에 더 많은 부를 집중시켜 왔다. 둘째는, 선거 전에는 과학기술을 중시하겠다고 하고선 당선되자마자 연구소부터 손보는 정책을 실시했다. 정부 지시대로 따르기만 하는 과학기술인들은 그들에게 언제나 만만한 상대다. 연구소들 간의 장벽이 너무 높아 단체적 교감도 없기 때문에 관료들과 맞서 싸울 수도 없다. 그저 자기네 연구소만 안 다치길 바랄 뿐이다.

그래서 제안하고 싶은 것은 연구소 간 안식년 교환 연구를 실시해 보라는 것이다. 연구원들은 외국에서 안식년을 보내기도 하는데, 자녀들 영어 교육이나 연구원의 골프 실력 향상 프로그램이 될 확률이 높다. 또한 언어도 익숙하지 않은 외국에 단기간 안식년으로 나간다는 것은 효과도 확실하지 않은 일이다. 그러니 국내에서 연구소끼리 안식년 연구를 주고받으면 어떨까? 상호 이해 증진에도 좋고, 연구원들 안목도 넓어지고, 융합 연구는 자동으로 될 것이며, 잘 활용하면 인사 문제까지 해결 가능하다.

연구소 간 안식년 제도를 추천하는 가장 중요한 이유는 연구원들이 다양한 시각을 제공받을 수 있어야 하기 때문이다. 예를 들면, 최근에 후쿠시마 사태 이후 전 세계적으로 원자력 찬반론이 뜨겁다. 필자도 주위 사람들과 관련 토론을 많이 한다. 그런데 원자력 배경을 가진 사람들은 이미 답을 정해 놓고 토론에 임하는 경향이 있다. 필자도 원전에 호의적인 편임에도 불구하고 이분들과는 대화가 어렵다는 것을 느낀다. 원자력 관련 분야를 전공하고 그곳에서 평생을 일하면서 원자력 외에는 대안이 없다는 이야기를 귀에 못이 박히도록 들어온 분들이라면 정말 다른 생각을 하기가 어려울 것이다. 이런 사람들이 풍력이나 태양 에너지를 연구하는 곳에서 1년만 보낸다면 시각이 많이 유연해질 것 같다. 가장 객관적이어야 할 과학이 종교처럼 변해 버린다면 사회가 제대로 된 방향을 찾지 못할 것이다. 원자력은 폐기되어야 한다는 이야기가 아니다. 다른 에너지원에 마음을 열어 두고도 원자력을 지지하는 것과 원자력 외에는 모르기 때문에 원자력만 주장하는 것은 천양지차라는 것이다. 과학기술이 정치적이라는 논제로 보면 미국도 사정이 비슷하다.

아폴로 계획은 애당초 구소련에 뒤진 것을 만회해야 한다는 정치적 의도에서 출발했다. 그래서 대통령 직속으로 NASA가 세워졌다. 그리고 닉슨 대통령 때만 달에 몇 번 가고 다시는 안 갔다. 이제 달에 또다시 간다면 달 착륙이 거짓말이라는 음모론도 한 번에 잠재우고, 여러 가지 실험과 기지 운용 등 실질적인 일을 많이 할 수 있을 텐데도 의미가 없다고 일축하고 있다. 이제는 달에 가봐야 정치적으로 별 이득이 없다는 결론에 도달했기 때문일 것이다.

과학기술이 정치와 어느 정도 거리를 유지하고 독립성을 지키려면 총선-대선에 무관하게 연구소 구조를 함부로 손대지 못하게 하는 법안이 필요하다. 과학기술 결과물이 국가의 자산이 되어야지, 정권의 홍보물로 만들려 하다가는 제2, 제3의 황우석 사건이 또 터진다. 황 교수 팀도 정권의 압박이 덜했더라면 차분하게 연구해서 정직한 결과를 냈을지도 모른다.

그런데 이러한 연구소 간 안식년 제도가 한국에서 현실화될 수 있을까? 만약 실현된다고 해도 지원자들은 있으려나? 익숙한 장소에서 파워를 키워서 높은 자리를 꿰차는 것이 대부분 연구원들의 목표라면, 패잔병들을 유배 보내는 제도로 굳어지지는 않을까?

과학은 정치로부터 어느 정도 독립할 수 있겠지만 여전히 문화로부터는 자유롭지 못하다. 우리는 과학 자체가 아니라 과학 하는 '사람'이기 때문이다. 그래서 과학적이고도 합리적인 문화를 만들어 나가는 것 역시, 과학기술인들이 만들어 나가야 할 또 다른 과학적 숙제다.

지구촌은 점점
나체촌으로

직장에서 일하다가 컴퓨터가 이상해서, 헬프데스크Help Desk에 전화했다. 증상을 설명했는데 소통이 시원스럽지 않으니, 고치는 쪽에서 지금 뜨는 창에 '예'라고 답하라고 한다. 그러고 나면 커서가 마음대로 움직이면서 '보이는 손'이 컴퓨터를 뒤지기 시작한다. 남이 다른 장소에서 내 컴퓨터에 접근해 이곳저곳을 다녀 보며 고치는 것이다. '예'라고 형식적으로 동의하는 과정을 생략한다면 남의 집을 제집처럼 들락거릴 수도 있다는 것이다. 아파트 출입문의 코드를 남이 알고 있는 셈이다. 그렇게 들어와서 냉장고에서 과일이나 꺼내 먹는다면 다행이지만 무슨 일이 벌어질지는 아무도 모른다.

인터넷으로 모든 것이 연결되어 아주 편리해졌지만, 중앙에 앉은 '빅브

라더'가 한 사람의 인생을 마음먹고 관찰하기에도 상당히 간편해졌다. 우선 휴대전화 통화 내역을 추적한다. 그러면 친구에서부터 불륜까지 모든 관계가 다 드러난다. 그다음으로는 신용카드 사용 내역을 본다. 소득이 얼마쯤인지 취향은 무엇인지가 나오고, 심지어 선물이나 케이크를 산 날짜로 가족들 생일까지 추측 가능하다. 휴대전화 위치 추적까지는 안 하더라도, 주차장 출입과 고속도로 이용 사실만 봐도 큰 동선은 파악된다. 오고 가는 이메일을 추적하거나 방문한 사이트까지 챙겨 보고, 마트 영수증 내역을 더해 본다면, 그야말로 삶의 패턴이며 취향까지 벌거벗겨져 전부 드러난다. 여기에 병원 진료 기록까지 더해 본다면? 정보를 가진 측은 족집게 점쟁이가 되고 개인은 거의 알몸이 되는 것이다. 이런 이야기를 길게 하면 상대방은 한마디 툭 쏘아붙인다.

"그러니까 깨끗하게, 하늘을 우러러 한 점 부끄러움 없게 살면 되잖아?"

매일매일 전쟁터 같은 현실에서 살아가는데 도인처럼 생각하고 행동하면 문제없단다. 우리가 조심해야 할 것은 정보를 공평하게 알리거나 공평하게 보호해 주는 것이 아니라는 것이다. 필요한 쪽이, 필요에 따라, 필요한 사람에게만 적용한다. 정보를 쥔 쪽과 정보를 노출당하는 쪽 사이에는 엄청 큰 비대칭이 존재한다. 예를 들어 보자. 누군가가 내 차만 추적한다. 그리고 불법 주차, 신호 위반, 속도위반을 할 때마다 경찰에 알려 티켓을 받는다. 다른 차도 위반했는데 왜 나만 단속하느냐고 항의해도 소용없다. 신고가 들어왔으니, 단속하지 않으면 직무유기라고 말하면 그만이니까.

워낙 희한한 세상이니, 어떤 사람들은 오히려 자신의 사생활이 알려져서 유명해지길 바랄 수도 있다. 한 정치인이 불에 탄 보온병을 포탄 파편이라고 해서 호들갑을 떨었던 촌극이 오히려 그의 이름을 더 알리는 역할을 했었다. 정치인들은 자신의 부고 소식만 뺀다면 좋은 일로든 나쁜 일로든, 이름이 언론에 노출되는 것을 좋아한다고 한다. 그러나 평범한 개인이라면 정보를 쥔 측에 약해진다. 어떤 샐러리맨이라도 한 명을 놓고 집중추궁한다면 약간이라도 위법행위가 발견될 것이고, 그 외 잡다한 치부까지 폭로되면 명예나 품위에 큰 타격을 입게 된다. 사람들은 드러난 사실과 숨겨진 사실에 대해 굉장히 다른 잣대를 적용하기 때문이다. 주위의 몇몇 친구들에게만 알려지면 웃고 넘어가거나 오히려 무용담이 될 일도 대대적으로 알려지면 몹쓸 인간으로 손가락질 받는다. 정보의 선택적 폭로 문제는 한국만의 문제가 아니다. 모든 정보가 통합되어 가는 IT 사회의 속살이다. 불법 도청이어도 내용이 흥미로우면 법은 뒷전이고 법정에 가기 전에 먼저 '국민정서법'으로 여론 재판부터 시작되니까 말이다.

이런 '벗기는 사회'에서 속옷이라도 안 빼앗기려면 어떻게 해야 할까? 우리가 하는 모든 행위에 비밀은 없다는 사실을 명심하는 것이다. 그래서 율곡이 말씀하신 '신독愼獨'에 정진하는 것이다. 남이 안 볼 때도 도리에 어긋나는 행동을 하지 않으면 된다. 도인이 되라는 주문을 비판해 놓고 결국 도인이 되자는 결론이라니, 필자의 자가당착이다. 다른 방법도 있기는 하다. 덜 중요하거나 덜 유명한 인간으로 사는 것이다. 그러면 최소한의 자유는 보장될 것이다. 덜한 인생에게는 더 많은 자유가 주어지니까 인생은 공평한 것이라고 스스로를 다독거리자.

환경도 좋아지고
돈도 벌고

네덜란드 화가 고흐는 사람들이 '붉은 태양'이라고 할 때마다 아주 괴로워했단다. 자기 눈에는 노란색으로 보이는 태양을 사람들이 자꾸 빨갛다고 하니까. 실제로 태양은 아침이나 석양 무렵에는 붉고, 한나절에는 노란색으로 보이니까 고흐가 맞고 다른 사람들이 틀렸다고 말하기는 어렵지만, 녹색과 파란색은 두말할 필요 없이 다른 색깔이다. 하늘과 바다는 파랗지만 우거진 녹음은 분명 파란 색깔이 아니다.

요즈음 녹색정당이니, 녹색연합이니 해서 가장 많이 뜨는 색깔이 녹색이다. 그러나 정작 우리 고유어에 녹색이라는 단어가 없다는 것이 정말 이상하다. 사실 우리말은 색깔의 농도와 채도, 명암을 엄청 많이 구별해서 사용한다. 빨간색 하나도 여러 개로 나누어 불그스레한, 벌건, 새빨간, 붉은,

검붉은 등 굉장히 미묘하게 표현한다. 물론 회색, 분홍, 주황도 한자어지만 녹색만큼 주변에 흔하지 않은 색이다. 우리가 늘 보는 주위의 자연은 청색과 녹색으로 구성되어 있다. 하늘과 바다는 파랗고, 나뭇잎과 풀은 녹색이니까…. 서정 시인 박목월, 박두진, 조지훈은 1946년에 발행한 그들의 시집을 『청록집』으로 이름 붙였던 것을 보면 그들은 당연히 청색과 녹색을 구분하여 사용하였던 것이다.

이전에 한국 정부는 '녹색성장'이라는 좋은 말을 만들어 냈다. 말은 좋은데, 정말 환경도 보호하면서 성장을 이루어 낼 수 있을지 많은 사람들이 의아해했다. 언제는 '나노'가 난리였지만 지금은 생물과 환경을 빼면 연구 제목을 내놓기도 부끄럽다. 이런 트렌드를 외면할 수 없다면, 이참에 환경 관련 분야를 방어 아닌 공격의 기회로 바꾸어 생각하는 것은 어떨까? 우리 고유어에 녹색이 없는 것처럼, 그동안 우리가 환경은 많이 무시해 온 게 사실이다. 외국에 나오는 한국인들은 선진국 도시의 좋은 공기와 조화된 환경은 별로 인식하지 못하고, 허술한 쇼핑가만 보고 우리나라가 훨씬 살기 좋다는 이야기들을 많이 했었다. 하지만 미세먼지에 시달리면서부터는 관광지의 공기를 평가하는 이야기들도 많이 한다.

미래 세계는 환경을 규제가 아니라 오히려 돈 되는 키워드로 삼아야 할 때인 것 같다. 그래서 다른 나라 대도시들이 서울의 공기 정화 프로젝트를 벤치마킹하려고 방문할 정도로, 고유의 노하우를 만들어 나가면 어떨까? 미세먼지 경보가 없어지는 그날까지.

원전은 경제가 아니라 국방

일본에는 전대미문의 원자력 사고가 있었고, 우리나라는 노후한 원자력 발전소의 폐기 주장이 힘을 얻고 있다. 필자는 원자력의 사촌인 분야에서 일하는데, 여러 가지 고민해 본 바에 의하면 현재 원전에는 아래의 세 가지 본질적 문제가 있다.

첫째, 전기는 스위치만 내리면 꺼지지만 원전은 전기처럼 쉽게 끌 수가 없다. 마치 브레이크가 신통찮은 자전거를 타고 언덕을 내려가는 과정과 비슷하다. 힘들게 페달 안 밟고 핸들만 조정하면 가는 재미가 있지만, 도중에 빨리 서야 할 때는 좀 곤란하다. 언덕을 내려와 평지에서도 한참을 간 후에야 설 수 있다. 가동을 중단했을 시 핵반응로 내부에 남은 열을 식히는 문제를 해결하려고 인위적으로 조건을 만들어 실험하다가 발생한 것이

구소련의 체르노빌 사고다. 가동을 멈추어도 이미 시작된 핵반응을 완전히 중단시키고 나오는 열을 식히는 데 엄청난 시간이 걸리는 것이 안전상 큰 문제다.

둘째, 사용이 끝나고 은퇴한 원전은 장비들을 해체해야 하는데 이 과정이 참으로 오래 걸린다. 사람들은 사용 후 핵연료 보관을 많이 걱정하는데 핵연료는 방사능 수치가 높지만 부피가 제한적이라 부담이 적은 면이 있다. 반면 원전 설비는 방사능 수치는 낮지만 덩치도 크고 격리 보관 장소로 옮기기 전에 하나하나 적당한 크기로 잘라야 한다. 이때 작업자들을 방사능으로부터 보호해야 하기 때문에 접근 시간과 거리를 제한해야 하니 속도가 더디다. 해체 후에는 그 장소의 오염치가 정상화되는 데 또 엄청난 세월이 걸린다. 그래서 철거된 원전 부지에 식당이라도 하나 들어서려면 최소 몇 십 년이 필요하다. 이래서 가동 후 오랜 세월이 지난 원자력 발전소를 안락사시키기보다는 계속 수명을 연장하는 것이다. 다만 노후한 원전은 점점 수리-보수 비용이 늘어난다. 거의 모든 부분을 교체한다고 하지만 교체가 불가한 부분이 있고, 교체된 부품과 이전 부품들이 혼재하여 관리가 어렵다.

셋째, 원전 수명이 30~50년 정도 되다 보니 기존 설비에 신기술을 도입하기가 어렵다. 보통 기계들은 수명이 10년이다. 자동차도 그렇고 공작기계들도 10년이 지나면 회계장부에서는 사망한 것으로 간주한다. 하지만 원전은 기계가 아니라 건물로 분류되는 것 같다. 실제로 원전 건설에는 원자로 제작보다 토목 건설 비용이 더 많이 소요된다. 그래서 아파트 수명처럼 최소 30년을 잡고 있다. 수명 30~50년을 자동차로 비유한다면, 소나타나 그랜저도 벌써 구식인데 떡하니 '포니'를 몰고 나온 격이다. 그래서 가장 기술이 발달했다는 일본의 후쿠시마 원진이 가장 구식이라는 모순을 드러낸 것이다. 70년대에 지은 원전이다 보니 아파트처럼 내부 수리는 할 수 있어도 기본 뼈대는 어떻게 하기가 어렵다.

이제 대책을 이야기해 보자. 원전은 한번 사고가 나면 국가적 재앙이 되기 때문에 건설 시에 너무 경제적 잣대만 들이대지 말아야 한다. 쉽게 말해서 돈도 많이 들고 기간도 오래 걸리는 건설 방법으로 가야 한다. 남북대치와 화해가 반복되는 한반도에서 원전 사고까지 난다고 생각하면, 그 후폭풍은 생각하고 싶지 않을 정도다.

에너지가 부족한 우리나라에서 원전은 경제가 아니라 국방이라는 개념으로 접근해야 한다. 나라를 지키는 무기를 만들 때는 가격보다 성능을 우선으로 생각한다. 원전 사업이 꼭 이래야 한다. 뒷돈이 많이 오가는 국방사업 관행은 따르지 말아야 한다. 그래서 국방이나 원자력의 품질을 낮추고 뒷돈을 받은 사람들은 '국가보안법 위반'으로 기소되어야 한다.

프랑스 주간지 「르푸앙」의 원자력 특집에 나온 프랑스와 독일의 발전 상황을 비교하면 다음과 같다. 원전 발전 비율이 프랑스는 76%, 독일 22%(3.5배)이고, 화석연료 발전 비율이 프랑스는 11%, 독일 66%(6.0배)이다. 발전 킬로와트시kWh당 이산화탄소 발생량은 프랑스가 90g, 독일은 600g(6.7배)이다. 두 나라 통계가 여러 위험에도 불구하고 아직까지 원자력을 내치지 않아야 할 이유가 될 수 있는지, 독자들이 판단하시라.

영어에 대한 경제학

성탄과 연말 휴가에 마땅히 할 일도 없던 어느 해 연말에 가족들과 이탈리아까지 여행을 다녀왔다. 차로 남불에서 출발하여 밀라노를 돌아오는 코스를 택했는데, 지중해 해안을 따라 여러 도시들까지 들르는 일정이었다. 이런 글을 대하는 독자들은 '참 팔자도 좋다!'는 생각이 들겠지만, 애들 데리고 다니는 여행이 즐겁지만은 않다. 많이 다녀보면 거기가 거기 같아서 휴가 때는 집에 있는 것이 더 편하고 돈도 적게 든다. 타지에서 혈기 왕성한 애들과 같이 먹고 그럴듯한 호텔에서 자려면 유로화는 폴란드 망명정부 지폐처럼 힘없이 지갑에서 떨어져 나간다. 그리고 카드명세서는 단 한 번도 잊어버리거나 포기하는 적이 없이 악착같이 날아오기 때문에 채권자와 채무자 간에는 기억력의 차이가 엄청나다는 것을 느낀다. 게다가 마누라는 밀라노에 가면 명품점을 빠짐없이 순회 방문하리라 전의를 불태웠으니, 당시 필자는 적지 않게 긴장했었다.

밀라노에서 원조 피자를 시켰다. 맛있게 먹고 디저트로 아이스크림을 시켰는데 점원이 못 알아듣는다. 아무리 영어가 안 통해도 그렇지, 아이스크림 정도는 알 것이라고 너무 안이하게 생각했다. 불어로 말해도 안 먹히고 해서 막 마임을 하고 있는데, 당시 중학생이던 딸이 자기에게 맡기라고 나서더니 "젤라또!"라고 외치는 것이다. 그랬더니 점원이 단번에 알아먹었다. 딸아이에게 아이스크림이 이태리어로 '젤라또'인 것은 어떻게 알았냐고 묻자 "TV!"라고 답해 왔다. TV 적게 보고 책을 많이 읽으라고 늘 잔소리했는데 현실 세계에서 생존하려면 적당한 TV 시청도 필요하다는 것을 깨달았다. 당시에는 '젤라또'라는 단어가 많이 알려지지 않은 때였다. '젤'은 불어에도 나오는데, 굳는다는 뜻이다. 물렁한 사탕인 젤리도 같은 어원이다. 그 단어 하나로 그날 딸의 위상은 아주 높아졌다.

당시 카이스트 개혁에 관한 이야기가 신문에 가끔 났다. 교수 평가 문제와 영어 수업이 관건이었다. 교수 평가는 필자가 내부인이 아니어서 잘 모르지만 영어 수업에 대해서는 좀 할 말이 있다. 결론부터 말해서 필자는 국내 대학들의 전면적 영어 강의에 반대한다. 그 이유는 민족자결주의나 한글 보호 차원이 아니라 현실적으로 교수와 학생들의 이익을 위해서다.

우선, 국내 교수들 중 제대로 영어 강의가 가능한 교수는 10%를 넘지 않을 것이다. 사실 이 숫자도 필자가 괜한 공격을 받을까 봐 두려워서 엄청 안전하게 내세운 수치다. 영어권에서 박사학위를 받고 온 교수들이라고 다 영어로 강의할 수 있는 것도 아니다. 물론 그들이라면 억지로 할 수는 있을 것이다. 그러나 학생들은 교수가 무슨 말을 하는지 알 수 없고, 교수는 언어 부담 때문에 강의가 두려워진다면 정상적인 강의가 이루어질 수 없다.

그렇다고 초라한 영어 실력 때문에 교수들을 다 엉터리라고 치부하면 안 된다. 아인슈타인은 1932년부터 미국 생활을 시작해서 1955년 타계할 때까지 20년 넘게 미국에서 살았지만, 죽을 때까지 영어가 편치 않았다고 한다. 그렇다고 영어보다 독일어가 더 편했던 아인슈타인을 머리가 나쁜 탓이라거나 삼류 연구자로 취급할 수는 없지 않을까?

영어를 잘하면 좋다. 하지만 잘하면 좋은 것은 영어만이 아니다. 어학 공부에 쏟는 지나친 시간 때문에 우리나라에서 큰 학자가 나오기 쉽지 않다. 다른 나라 사람들은 모국어와 수학 공부를 할 때, 우리는 모국어, 수학 그리고 영어를 공부해야 한다. 영어를 사용하는 환경에 사는 사람들은 영어를 필수로 해야 한다. 하지만 한국에서 사는 사람들이 그렇게 영어를 잘해야 할 이유는 없다고 생각한다. 전 국민이 영어를 잘하게 만들려는 정책은 불필요하며 가능하지도 않다. 인구 10%가 고급 영어를 구사할 수 있도록 인력을 양성하는 정책이 훨씬 현실적이다.

비영어권 지역을 여행해 본 사람들은 영어가 얼마나 지역 언어에 불과한지 실감했을 것이다. 심지어 미국 땅 내에서도 영어를 못하는 사람들이 많다. 영어는 '세계 언어'가 아니다. 그리고 영원히 그렇게 되지 않을 것이다. 굳이 지위를 부여한다면 마치 중세의 라틴어처럼 이 시대에 영어는

'식자들의 언어'다. 영어 공용화를 주장하는 사람들도 많더니 이제 중국어가 중요해지면서 쑥 들어가 버렸다. 만약 그들의 주장이 힘을 받아 영어 공용화가 진행되있더라면, 지금 한국의 문화나 교육 상황은 아마 끔찍해졌을 것이다. 남한만의 영어 공용화는 남북 간의 화해와 궁극적으로 지향하는 남북통일에도 엄청난 걸림돌이 될 것이다. 일찍 영어를 받아들였고 한자와 함께 쓰느라 문자가 한글에 비해 훨씬 컴퓨터와 친하지 않은 일본도 영어 공용화를 주장했었지만, 지금은 사라졌다.

필자는 개인적으로 외국어 공부를 하는 게 즐겁다. 문화와 가치 판단이 다른 사람들과 소통하는 것이 기적처럼 느껴진다. 하지만 외국에 산다는 특정한 환경 때문에 가능한 일이다. 영어를 아예 열심히 해서 어느 수준을 넘기든지, 아니면 아주 조금만 할 줄 아는 것이 경제적이다. 어설프게나마 하는 데도 시간이 너무 걸리기 때문이다. 영어로 된 기사를 읽는데 단어 찾고 문법 신경 쓰느라 기사의 내용 파악이 안 된다면 수준을 넘기지 못한 것이다. 읽는 속도나 말하는 속도에서 어느 정도 자유로워지려면 정말 오랜 시간과 많은 노력이 든다. 그리고 대부분의 사람들은 결국 그 수준까지 이르지 못한다.

이공계 대학은 훌륭한 엔지니어를 키우는 데 우선적으로 초점을 맞추어야 한다. 영어도 같이 익히도록 해주고 싶다면 대학들이 원어민 교수들을 더 채용해서 일부 강의를 영어로 하는 것이 바람직하다. 안식년을 맞는 원어민 교수들을 1년씩 초빙하는 방법도 가능하다. 원어민은 아니지만, 필자도 여기에 끼워 주면 기꺼이 갈 마음이 있다.

정치공학과
정치 과학

요즘 정치에서도 공학이라는 접미사를 붙여 정치공학이라는 말을 사용한다. 그 배경이 궁금하여 위키피디아를 찾아보고는 흥미로운 것들을 알게 되었다. 정치공학은 어떤 특정한 목적으로 사회를 바꾸려는 것이라고 한다. 보조 설명을 붙인다면, '정치 과학'은 현재의 정치를 제대로 분석하는 작업인 반면, '정치공학'이란 분석된 현상을 바탕으로 현실 정치에서 뭔가를 바꾸려고 하는 것이다. 물론, 이때 주로 사용되는 도구는 법이나 세금, 선거 같은 제도들이다. 하지만 정치공학이라는 말은 좀 부정적인 뜻으로 사용되는 경향이 있다. 민의가 가장 존중되어야 할 민주주의에서 선거제도를 약간 비튼다든지, 자유경쟁 시장에서 지나친 벌금이나 형평성에 어긋나는 법으로 특권층의 이익을 추구하는 노력이 모두 정치공학으로 분류되기 때문이다.

아마도 일반인들은 정치공학이라고 하면, 정치를 컴퓨터로 분석하는 것을 생각하지 않을까? 신거 딩일 출구조사처럼 말이다. 하지만 필자는 정치공학을 생각하면 발음도 비슷한 '정치공작'을 떠올리게 된다. 정치를 바꾸어 보려고 뭔가를 만드는 정치공학보다는, 분석을 위주로 한 정치 과학이라는 이름으로 뉴턴의 3법칙을 패러디해서 '정치 과학 3법칙'을 만들어 보았다. 좀 더 구체적으로는 선거 3법칙이지만, 정치의 8할이 선거인 것 같아서 아예 '정치=선거'를 공리로 하고 그 위에 3법칙을 두고 싶다.

법칙 1. 유권자가 바뀌어야 정치가 바뀐다.

잘 찍어야 정치가 바뀌는 것이 아니라 유권자 수준이 올라가야 제대로 된 후보가 나오고, 준비된 후보가 당선된다. 그러므로 국민 수준이 향상되지 않고는 정치 발전이 불가하다.

법칙 2. 선거가 끝나기 전에는 모두 승자다.

선거가 끝나야 복기가 되고 전체가 보인다. 선거 후 쏟아지는 정치 전문가들의 분석은 아주 놀랄 만큼 예리하고 설득력 있지만, 불과 선거 하루 전에는 몰랐던 것들이다. 결과가 확실하지 않기 때문에 선거판에는 항상 '내면적 낙관론'이 판을 친다.

법칙 3. 보수는 부패, 진보는 무능이라는 유전자를 가지고 있다.

보수는 부패해도 철퇴를 덜 맞고, 진보는 무능해도 이상을 외치며 고상한 척한다. 보수는 자기들의 집권을 당연시하고, 진보는 집권하면서도 여전히 자신들이 야당인 줄 안다.

정치 3법칙이라고 거창하게 말했지만 막상 내용은 너무 뻔하다. 진리는 단순하고 쉬운 것이니까. 혹시, 필자에게 한국 정치에 한 가지 정치공학만 실현할 권한이 주어진다면 하고 싶은 일이 있다. 바로 총선과 대선 사이클을 맞추는 일이다. 지금은 대통령 임기 5년에 국회의원 임기 4년이니, 해마다 어긋나다가 20년에 한 번씩 공배수가 일치하는 구조다. 총선-대선의 간격이 해마다 약간씩 달라져 미묘하다. 이런 차이를 없애고, 국회의원 임기와 대통령 임기를 4년으로 통일하고 총선과 대선이 2년마다 번갈아 오도록 배치하는 것이다. 올림픽이 있는 해에는 대선, 월드컵이 있는 해에는 총선이 있도록 배치하면 쉽다. 이렇게 선거를 치르면 당연히 대선 후 총선은 정권의 중간 평가 형식이 된다. 총선 후 대선도 마찬가지. 그래서 대선 후 2년 동안 대통령의 파워가 막강하다가, 대통령의 레임덕이 시작될 때 총선을 통해 새출발하는 국회가 권한을 많이 행사하는 구조로 갈 것이다.

현재 미국은 대통령 임기를 4년 중임제로 실시하고 있고, 한국도 미국처럼 중임제로 하자고 헌법 개정 이야기가 나왔지만, 필자는 단임제가 좋다고 생각한다. 대통령 중임제의 미국식도 이제는 구식이다. 요새처럼 변화가 빠른 시대에는 단임제가 좋다. 다만 위에서 제시한 것처럼, 대통령 임기 후반부에는 새롭게 구성된 국회로 자연스럽게 권력이 이동되어 대통령의 레임덕을 최소화하는 방향이 좋아 보인다. 이런 구조가 잘 되면 마치 처음 2년은 대통령 중심제로, 그 뒤 2년은 의원내각제처럼 하이브리드 정치가 가능할 것이다.

어쨌든, 대선과 총선은 국민들이 자신의 생존을 지키는 중요한 일이다. 투표율이 70%를 넘는다면 정치인들도 더 많이 국민을 두려워하며, 여론 몰이도 좀 줄어들 것이다. 투표하는 기본만 지켜도 민주주의기 가짜 언론이나 쉽게 박멸되지 않는 정치 바이러스에 훨씬 강해질 수 있다.

지구온난화?
지구 변덕화!

필자가 사는 남불, 프로방스 지방은 날씨가 정말 좋다. 언제나 태양이 빛나고 날씨가 온화하지만 겨울 추위는 제법 매섭다. 그래도 겨울철 주말에 가끔씩 아파트 테라스에서 식구들과 옥외 점심을 먹을 수 있으니, 이때는 정말 행복하다. 여름에는 40도까지 올라가도 습도가 낮아서 그늘에만 들어오면 그렇게 덥지 않다. 하지만 태양이 너무 빛나서 선글라스를 쓰지 않고는 운전하기 힘들다. 건조한 지역임에도 비가 올 때는 듬뿍 오는데, 늦은 밤에 왔다가 아침에 하늘이 말끔하게 개어, 마치 간밤에 물 청소차가 지나간 것 같은 날들이 많다. 겨울이 채 물러나지 않은 초봄에는 미스트랄이라는 바람이 부는데 상당히 차갑고 거센 바람이어서 사람들을 움츠리게 한다. 이 바람은 공해에 찌든 도심 공기를 바꾸어 주는 환풍기 역할을 한다.

미스트랄의 청소 덕분인지 도심에서도 별들이 쏟아질 듯 밤하늘이 맑다. 필자 또래라면 고교 시절에 국어 교과서에 나온 알퐁스 도데의 「별」을 기억할 것이다. 늦은 시간 산책길에 가끔 하늘을 올려다보면 그 이야기 속의 그날 밤처럼 오리온자리와 북두칠성이 깜박거린다. 이즈음 필자는 어느덧 양치기 소년이 되어 풀밭 언덕 위에 드러누워 연인과 별을 헤아리는 환상에 빠진다.

그런데 불과 몇 해 전부터 이 모든 아름다운 이야기들이 '구라'처럼 잘못 흘러가고 있다. 언젠가 5월 초였는데 너무 추웠다. 아파트 중앙 난방 시즌은 이미 지났으니 실내는 겨울보다 더 추웠다.

"도대체 누가 지구온난화라고 한 거야?"

입에서 저절로 이런 말이 나왔다. 미국과 한국에 있는 친구들과 연락해 보니 그곳도 사정이 비슷한 모양이다. 도대체 지구온난화는 어떻게 나온 말일까? 과학적으로 타당한 주장일까?

지구온난화 문제는 의학이 과학인지를 논한 글에서 주장한 바와 같이, 과학이 아니라 초과학의 영역에 속한다. 우리의 과학적 능력과 이해 그리고 실험의 재현을 넘는 즉, 현재 인간의 인지능력을 뛰어넘는 분야라는 이야기다. 과학의 어떤 영역이 초과학에 속하는 이유는 여러 가지가 있겠지만, 가장 대표적인 것은 고등 생명체를 이해해야 하는 것처럼 변수가 많을 때이다. 순서가 중요한 변수라면 그 변수들이 모여서 하나의 현상을 만들 경우의 수는 팩토리얼로 되는데, 11!(=11×10×9……)만 되어도 금방 한국 인구에 근접하는 4천만 정도가 된다. 축구 경기의 한 팀인 11명 선수의 포지션을 정할 때처럼, 11가지 변수만 사용하여 경우를 나열해도 한국 사람 전체에게 각자 전부 다른 현상이 생길 수 있다는 이야기다. 11가지 변수의 중복이 허락된다면 경우의 수는 훨씬 더 많아진다. 실제로 현재 숫자 11개로 전 국민에게 겹치지 않는 전화번호를 하나씩 부여하고 있다. 이 경우의 숫자를 건강에 적용해 보면 설탕, 담배, 술, 커피, 운동, 남녀, 직업, 나이 정도만 고려해도 벌써 수백만 명의 건강 상태는 달라진다.

필자는 현재 수준에서 지구온난화를 논하는 것은 초과학의 영역이라고 생각한다. 그리고 지구온난화라는 표현도 적절하지 않다. '지구 변덕화'가 맞는 것 같다. 영어로도 'Global Warming'이 아니라, 'Climate Change'라는 용어가 더 정확하다. 어떤 이유에서든지 지구는 점점 비열이 작아지고 있다. 열 관성이 작아지니, 속 좁은 사람처럼 마음이 조석 간에 너무 다른 것이다. 남들의 작은 행동에도 쉽게 열 받거나 기분이 좋아지는 조울증 증세다.

온난화인지 변덕화인지를 따지기 전에, 공해를 줄이고 화석 연료를 억제하는 방향으로 가려는 시도는 적극 찬성해야 한다. 환경을 망가뜨리기는 쉽지만 회복하려면 몇 배 이상의 시간과 경비가 들기 때문이다. 지구가 삐쳤든지 미쳤든지, 무조건 지구와 사이좋게 지내려고 노력하자. 어설픈 과학이 엉뚱한 분석을 내놓는 것에 너무 핏대 올리지 말고 말이다.

통계: 교통사고 사망률

언젠가 TV에서 교통사고 사망자 숫자가 전년 대비 20% 이상 증가했다며, 운전에 주의하자고 발표한 걸 들은 적이 있다. 한국이 교통사고 사망률이 상당히 높다는 통계가 때마침 생각이 났기에 관련 자료들을 좀 찾아보았다. 통계란 깊이 들여다볼수록 블랙홀에 빠지는 것같이 복잡하다. 그래서 어떤 학자는 현대 민주 시민에게 가르쳐야 할 가장 중요한 과목이 선거와 통계라고 말한 적이 있다. 시민들은 통계를 근거로 중요한 행위들을 판단하기 때문이다. 정치뿐 아니라 경제활동, 쇼핑까지도 통계의 영향이 절대적이기 때문에 통계 오류는 사회에 엄청난 파장을 불러올 수 있다.

통계의 대표적인 오류로 꼽히는 유명한 사건이 있다. 제2차 대전 직후 미국에서 트루먼 대통령의 당선이 결정된 1948년 11월 3일 아침, 트루먼은 자신이 떨어지고 상대 후보 듀이가 당선되었다는 신문의 오보를 펼쳐 보이며 당선자 연설 연단에 선다. 신문은 갤럽 조사를 바탕으로 미리 기사를 준비해 두었던 것이다.

통계가 사람을 헷갈리게 하는 다른 예는 이혼율이다. 이혼율이 50%라고 하면, 한 집 걸러 한 집당 이혼한 것으로 잘못 이해하는 사람들이 많다. 이혼율은 당해 연도에 이혼한 커플 수에 결혼한 커플 수를 나누어 발표되는 통계다. 그해에 결혼하는 커플이 50만 쌍이고 이혼하는 커플이 100만 쌍이라면 이혼율은 무려 200%가 된다. 숫자가 이상하지만, 이 외에는 이혼율 통계를 계산할 방법이 마땅치 않다. 재미있게도 유럽은 결혼하지 않고 동거하는 부부들이 많으니 이혼율도 현실보다 적게 나온다. 그래서 문화가 다른 나라의 이혼율 통계를 단순 비교하기는 어렵고, 같은 나라에서 10년 전에 비교해 어떤지, 세월에 따른 경향을 파악하기에는 유용한 자료가 될 것이다.

이제 교통사고 사망률 이야기로 돌아가자. OECD 국가들 간의 인구 10만 명당 한 해 사망자 숫자로 많이 보도된다. OECD 국가로 제한하는 이유는 교통사고도 경제력과 관계있기 때문이다. 그런데 10만 명보다는 100만 명 기준이 더 좋아 보인다. 자동차들이 활발하게 다니는 제법 큰 도시들 인구가 백만 규모다. 성남, 고양, 수원 그리고 워싱턴 DC, 샌프란시스코, 시애틀 같은 도시들이 인접한 교외 지역을 더하면 100만 인구다. 그러니 인구 100만 명당 100명이 사망했다고 하면, 중간 규모 도시에서 한 해에 교통사고로 100명이 사망한 것이다. 실제로 OECD 최고치가 100만 명당 100명 수준이다. 그래서 한국에서 교통사고 사망자는 연간 5천 명 정도다. 미국은 한국과 크게 다르지 않지만, 서유럽은 100만 명당 50명 이하다. 유럽 국가들 중에서도 준법정신이 잘 정착된 북구 국가들의 사망자 숫자가 적다. 그런데 유독 벨기에와 룩셈부르크는 숫자가 제법 높다. 유럽의 교차로에 해당되는 위치에 있다 보니 통과하는 차량들이 많은 탓인 것 같다.

그럼 경제 미개발 지역인 아프리카는 자동차 수가 적으니, 인구당 교통사고 사망자 숫자도 훨씬 적을까? 통계를 보고 깜짝 놀랐다. 아프리카 대다수 나라들이 OCED 평균의 4배다. 열악한 도로 사정과 신호체계 그리고 응급의료 체계 미흡 때문일 것이다. 사고 현장 구조가 늦으면 살릴 수 있는 중상자도 사망하는 경우가 많을 테니까. 그래서 교통사고 사망률과 경제력 간에는 밀접한 관계가 있다.

또 다른 재미있는 사실은 안전벨트 착용 여부가 사망자 통계에 미치는 영향에 대해서는 결론이 명확하지 않다는 것이다. 모형실험을 통한 충돌사고에서는 사망 위험이 8분의 1로 줄어든다고 하니 효과가 아주 확실하다. 그러나 실제 도로 상황에서는 다르다. 주행을 시작하고 나서 안전벨트를 매느라고 산만해진 운전자가 길을 건너는 행인을 치는 사고들이 도리어 많다고 한다. 그리고 안전벨트를 했다고 운전을 방만하게 하는 경향도 있다고 한다. 뒷자리 승객은 벨트를 안 매는 경우가 많은데, 사고 시 뒷자리 승객이 튕겨나가 앞자리 승객을 치는 경우도 있다고 한다. 안전벨트를 안 맨 뒷자리 승객이 '인간 둔기'로 변하여 앞자리 승객을 강타하는 것이다. 이 때문에 뒷자리 승객이 안전벨트를 하면 확실히 사망률이 더 낮아지긴 할 것 같다. 뒷자리 승객은 안전벨트 착용 과정에 산만해지거나 방만한 운전의 대상이 아니니까.

교통사고 사망률 통계에 어떤 변수들을 포함해야 할까? 인구와 자동차 대수 외에 몇 가지를 더한다면, 운전면허 소지자 숫자 또는 총 도로 길이로도 나누어 볼 수 있다. 일인당 GDP로 나누어 보는 것은 어떨까? 소득이 높은 국가일수록 자동차를 오랫동안 사용해 온 국가들이고, 안전 문화도 잘 정착되어 사고가 적다.

편리한 문명의 이기가 자신과 남을 죽이는 흉기로 사용되지 않아야 한다. 한국의 교통사고 사망률은 OECD 평균의 1.7배나 된다고 한다. 그런데 교통사고에서 보행자 사망률은 평균의 2배가 넘는다. 음주 운전과 신호 위반 문제인 것 같다. 신호 준수, 앞차와의 거리 확보, 속도 줄이기 정도의 단순한 실천이 안전한 사회를 만든다면 기꺼이 동참해야 하지 않을까? 일주일에 최소 하루는 아주 완벽하게 교통 법규를 지키는 날로 정해 보면 어떨까? 얼마 가지 않아서 하루가 여러 날로 늘어날 수 있고, 몇 년 안에 교통사고 사망자 숫자를 반 이하로 줄일 수 있을 것이다. 조만간 자율주행 차량이 등장하면 교통사고 사망자 통계가 어떻게 움직일지 벌써부터 걱정스럽다.

PART 5

생계형 인간에서
풍류형 인간으로

올바른 생각?
유연한 생각!

융합형 지식인이 되고 싶어 요즈음 새로운 분야를 공부하고 있다. 나이가 들어가니, 전반전은 끝났고 후반전에 만회골을 넣어야만 하는 축구 선수처럼 시간에 쫓긴다. 최소한 비겨야 연장전이나마 넘볼 수 있기에 마음이 급하다. "그냥 지고 말지 뭐!" 하는 약한 마음이 들 때도 있지만, 마음을 강하게 붙들고 자신을 다독거린다.

무뎌진 기억력이 거짓말쟁이로 만들 때가 많다. 밑줄이 그어진 것으로 봐서 분명히 이미 공부한 용어인데 여전히 새롭다. 금방 만나서 통성명을 하자마자 다시 이름을 묻는 실례를 범하는 느낌이다. 기억력만이 내부의 적은 아니다. 논리가 체계적이지 않거나 서로 상반된 설명을 하는 부분에서는 진도가 안 나간다. 다른 자료들을 찾아보면 될 터인데, 저자에게 울화가 먼저 치밀어 오른다. 학문과 기술을 배우는 교재들이 경전이 아니라 각자의 주장이라는 것을 잘 알면서도 말이다. 서양 책들은 너무 쓸데없는 말이 많아서, 요점만 꼭꼭 짚어 주던 한국의 입시 책이 그립다. 진리를 한 방에 파노라마로 보여 줄 수 없으니 여러 각도로 진실을 담아 내려는 저자들의 노력일 것이지만, 엑기스extract 섭취에 익숙해진 학습자에게는 죄다 사족일 뿐이다.

첫애가 태어난 후 늦게 유학을 왔을 때 만난 한국인 선배 유학생의 일갈을 잊을 수 없다. "엄마가 해주시는 밥 먹고 다닐 때 공부를 다 마쳤어야죠!" 늦깎이 유학생이 내부와 외부에 수많은 적들을 뚫고 가야 하는 현실을 잘 표현한 말이다. 그런데 지금은 공부를 안 하다가 다시 시작한 것도 아니고 계속 해오던 공부를 하는데도 진도가 더딘 이유가 뭘까? 약해진 기억력 때문에 불리하다는 것은 이해가 되는데, 경험과 다른 지식이 많아서 이해는 훨씬 빨라야 하는 것 아닌가? 그러면 약해진 기억력과 강해진 이해력이 상쇄되어 학습 진도는 비슷해야 한다. 하지만 고령자들이 외국어나 새로운 기술을 배우는 속도는 젊은이에 비해 느리다. 경험이 오히려 독이 될 경우가 있다고 쓴 적이 있다. 자기 지식과 비슷한 분야를 배운다면 경험과 선지식은 아주 유용하다만, 새로운 분야를 배우면 이전의 지식과 경험이 오히려 발목을 잡는 경우가 많다. 생각이 유연하지 않아 상상력이 제한되기 때문이다.

'올바른 생각'은 틀리지 않은 생각 즉, 진리에 더 가까운 생각이다. 하지만 다시 생각해 보면 올바른 생각은 시간상 현재와 공간상 문화가 비슷한 우리 주위에서만 틀리지 않은 생각이라는 한정적 의미다. '올바른 생각'을 가지는 순간, 다른 아이디어들은 전부 틀린 생각으로 분류된다. 그래서 나이 들어가며 가져야 하는 생각은 선악이나 진위에 좀 더 중립적인 '유연한 생각'이다. 선과 악이 뒤섞이거나 진실과 허위가 범벅이 되어도 좋다는 말이 아니다. 오랫동안 살아오며 지나치게 편 가르기를 해왔기에 '올바른 생각'은 이미 충분하다 못해 넘친다. 하지만 유연한 생각에 익숙한 젊은 세대들은 오히려 정반대로 올바른 생각에 더 집중할 필요가 있을 것 같다.

정리하면, 젊을 때 올바른 생각에서 출발하고 나이와 더불어 점점 유연한 생각으로 두뇌 소프트웨어를 바꾸어 가는 것이다. 미지를 탐구하는 과학도에게는 유연한 생각이 정말 중요하다. 새로운 과학적 사실을 처음으로 맞닥뜨린다면 올바른 생각만으로는 이해하기 어려우니까. 남들을 판단하여 상처주기 쉬운 '올바른 생각'을 넘어서, 흡수력 좋고 상상력 풍부한 '유연한 생각'으로 가득 찬 과학도들이 되었으면 좋겠다.

정체성에 관하여

정체성을 영어로는 Identity라고 한다. '동일하다'는 뜻이고, 더 나아가 누군가와 가장 잘 일치되는 정의definition라고 볼 수 있다. 세상이 빠르게 변하고 또 우리 자신도 많이 옮겨 다니며 살고 나이도 먹다 보니, 자신의 정체성에 대한 의문이 가끔 생긴다. "나는 누구인가? 나는 어디에서 왔는가?"라는 낡아빠진, 그러나 비켜갈 수 없는 질문들 말이다. 정체성에 관한 질문을 좀 더 자연스럽게 바꾸어 볼 수 있다. "나는 뭘 좋아하는가? 나에게는 무슨 스타일이 가장 어울리는가? 나는 무엇에 가장 많은 돈과 시간을 쓰는가?" 정도로 질문을 바꾸어 보면, 정체성이라는 단어가 훨씬 구체화될 것이다. 우리를 구성하는 정체성의 우선순위를 나름대로 매겨 보았다.

1: 성별(남자냐, 여자냐)

2: 나이

3: 가족(출신) 배경

4: 국가

5: 지역(국가보다 좁은)

6: 문화권(국가보다 넓은 유사 언어 사용 지역)

7: 오래 종사한 직업

8: 종교

위의 순위는 필자가 임의로 정한 것이니 종교가 훨씬 위로 올라가야 한다는 사람들도 있을 것이다. 하지만 맨 위의 두 항은 벗어나기 어려운 객관적 정체성이며, 4위와 더불어 여권에 활자화되는 '빼도 박도 못 하는' 정체성이다. 그리고 갑자기 사회의 어려운 문제로 등장한 정체성이 1항이다. 확고부동하다고 생각되던 성별 정체성이 흔들리니 동성애자가 아닌 사람들도 당사자들 못지않게 혼란을 겪고 있다.

그래서 여기에서도 1항에 대해서만 간단히 생각해 보려고 한다. 남녀의 차이에 관한 주제는 '화성… 남자, 금성… 여자'를 비롯하여 무수하게 논의되었지만 여전히 깜깜이다. 우리 모두가 언제나 어느 한쪽일 뿐, 두 쪽 모두에 속하지 않으니까. 사실 이 글을 쓰게 된 동기는 최근에 결혼한 젊은 프랑스 직장 동료가 있어 그에게 주제넘게 결혼 생활을 조언한 일 때문이다.

"이 한 가지만 알면 상당히 유용할 거야. 내가 결혼 생활 사반세기를 넘게 지내오며 득도한 것이지!"

거창하게 시작했다.

"여자는 큰일은 작게, 작은 일은 크게 생각하는 법이야!"

"오늘 저녁 집에 돌아가서, '나 오늘 해고되었어!'라고 말한다면 아내는 너를 위로하며 '괜찮아! 아직 젊으니까 또 다른 직장 찾으면 되지 뭐!'라고 답할 거야. 하지만 밸런타인데이에 장미 한 송이를 안 사들고 들어가거나, 슈퍼에 들러 양파 사 오라는 부탁을 잊고 그냥 퇴근한다면 오늘 저녁 아마 편하게 밥 먹기는 어려울걸?!"

그 친구는 벌써 여러 번 당해 봤다는 표정으로 웃으며 물었다.

"여자들 머리는 도대체 어떤 논리로 작동되나요?"

"큰일은 어쩌지 못 하니 운명적으로 받아들여야 한다는 것이지. 하지만 작은 일은 할 수 있는데도 안 했다는 것이야. 삶에 대한 태도가 나이브하고 자신을 무시한다고 생각할 수 있지!"

그 친구는 자칭 동양의 도인에게 두 손을 모아 경의를 표했다.

한번은 미국에서 아내와 함께 자동차를 사러 간 적이 있었다. 인생에서 가장 큰 쇼핑은 집을 사는 것, 두 번째가 차를 살 때일 것이다. 그래서 필자는 열심히 딜러의 설명을 듣고 있었다. 엔진 소리에 귀를 기울여야 하는 중요한 순간에 여태껏 딴전을 피우던 아내는 커피 잔 놓을 데가 마땅치 않다는 불평을 늘어놓았다. 성격 급한 필자의 입에서 핀잔이 튀어나왔다.

"이 사람아! 커피는 스타벅스 가서 마셔! 차는 엔진이지, 무슨 커피 받침대 타령이야?"

그러나 필자는 곧 이은 아내의 반격에 참패했다.

"엔지니어라는 사람이… 차에서 엔진은 기본이야! 커피 받침대 디자인까지 신경 쓴 차가 왜 엔진이 나쁘겠어? 디테일이 좋으면 모든 것이 좋다는 것도 몰라?"

그날 이후 필자도 큰일은 작게, 작은 일은 크게 보려는, 여성화가 진행 중이다.

"할 수 있는 일부터 잘하자!"라는 구호로 가장 중요한 1번 정체성이 정리되었다. 사실 직장 생활을 하다 보면 곧 인사이동이 있을 것이라는 둥, 조직 개편 예정이라는 둥 온갖 루머들이 돌아다녀서 모두가 손을 놓고 무의미하게 시간을 보낼 때가 많다. 그와 관계없이 자기가 할 일만 열심히 하는 것이 답인데 말이다. 아마 탄핵 정국 아래에서 5천만이 몇 달 동안 일손을 놓고 있었을 것이다. 투표 같은 '작은 일', 할 수 있는 일을 국민들이 잘했더라면 탄핵 같은 '큰일'은 없었을 것이다. 할 수 있는 작은 일부터 확실하게 챙길 때, 국가나 개인이나 실수를 줄이고 탄탄하게 미래를 준비할 수 있다.

그나저나 이제 서빙 로봇 시대가 온다는데 로봇에게도 성적 정체성을 심어 두려나? 아마도 내비게이션에서 선택 가능한 목소리처럼 버튼 하나로 성별과 나이 설정을 바꿀 수 있을 것이다. 이렇게 되면 정체성은 Identity가 아니라 Choice가 된다. 결론이 뜬금없긴 하지만 절대로 도구와 존재를, 그리고 운명과 선택을 착각하지 않는 과학을 하자.

피아니스트 루빈스타인을 멘토로 삼다

필자는 기계공학을 전공했고, 전기공학과에서 전자기학도 공부한 엔지니어다. 필자가 근무했던 프린스턴대학의 플라즈마연구소는 물리학자들이 많은 곳이어서 그런지 외부인들은 필자에게 물리를 전공했느냐고 자주 물었다. 우리 아이들도 아빠의 전공이 물리학인 줄 알고 있다. 필자는 이런 오해를 굳이 해명하지 않는다. '공학이나 과학이나 따분하기는 마찬가지!'라는 생각도 있지만, 과학자가 공학자보다는 고상하지 않느냐는 생각도 있기 때문이다.

하지만 과학자와 엔지니어는 상당히 다른 길이기에 최근에는 엔지니어로서의 정체성에 대해 많이 생각해 보고 있다. 정체성 회복의 첫 번째 과업으로 멘토를 정하기로 했는데, 누구로 할까 고민하며 몇 해를 보냈지만 딱히 답을 찾지 못했다. 노벨상은 생존한 사람에게만 준다지만, 필자는 타계하신 분들 중에서 멘토를 고르기로 했다. 나이 들어 멘토를 모시려니 당연히 왕고참들은 벌써 유명을 달리하신 경우가 많기 때문이다. 스티브 잡스는 엔지니어라고 부르기가 좀 불편하고, 자동차 왕 포드도 기술자라기보다 오히려 기업가이기 때문에 부적절하고…. 제록스 회사에서 처음으로 복사기를 만들었다는 체스터 칼슨Chester Carlson을 택할까도 했다. 필자는 복사기의 발명을 컴퓨터나 휴대전화의 발명만큼 높게 생각하기 때문이다. 그러나 그의 훌륭한 업적에도 불구하고 말년에 심령술에 빠졌다는 사실을 알고는 취소했다. 그 후에 사실 에펠탑을 설계한 에펠로 거의 결정하려고 했다. 에펠은 프랑스에서 필자가 공부했던 학교의 선배이기도 했는데, 다른 선배인 암페어가 섭섭해하지는 않을지 엉뚱한 고민도 살짝 했다.

그러다가 우연히, 피아노 연주를 듣던 중에 무릎을 탁 치며 스승으로 모실 만한 분을 찾았다. 폴란드계 미국인 피아니스트, 루빈스타인(1887~1982, Arthur Rubinstein)이다. 왜 엔지니어가 음악가를 멘토로 생각하게 되었을까? 최근에 음악 하는 사람들과 이야기하다가 느낀 것이 있다. 작곡가와 연주자 간의 관계가 마치 과학자와 엔지니어의 관계와 비슷하다는 생각이다. 작곡가는 곡을 쓰고 연주자는 그 곡을 연주한다. 마치 과학자가 이론을 만들고 기술자가 그 이론을 응용해 제품을 만드는 것과 비슷하다. 작곡가의 원래 의도를 새롭게 해석해서 새 시대를 여는 연주자라야 대가다. 악보를 기계적으로 카피하는 데 머물지 않고, 종이 속의 건조한 기호를 영혼이 담긴 소리로 구현해 내는 일이 연주가들의 사명이다. 누워 있는 콩나물

대가리들이 마술 피리에 이끌려 종이에서 벌떡 일어나 코브라처럼 춤추는 과정을 창조하는 사람들이 연주자다. 연주자를 작곡가의 하수인으로 생각할 수도 있다. 어느 정도 그런 면이 있다. 그러나 자기 음악을 제대로 이해하고 청중과 소통해 줄 연주자를 찾지 못한다면, 작곡자는 마치 칼집에서 뺄 수 없는 보검처럼 답답할 것이다. 그러니 연주자는 작곡가의 하수인이기보다 작곡가를 세상과 묶어 주는 중매자다.

작곡이 이상이라면 연주는 현실이다. 비슷하게, 과학은 이상이고 공학은 현실이다. 이상을 현실 속으로 불러들여 소통시키는 역할은 연주자들의 몫이다. 마치 공학이 과학 이론을 실세계의 유무형 제품으로 구현하고, 그 제품 사용자들과도 소통해야 하는 것과 같다.

훌륭한 연주자는 주제넘게 곡을 마음대로 해석하기보다는 작곡 의도를 깊이 이해해야 한다. 그리고 언제라도 무대 위로 불려 가면 사람들에게 감동을 줄 수 있는 준비가 되어 있어야 한다. 반면 작곡가는 좀 게을러도 된다. 마지막 결과물만 좋으면 과정은 잘 알려지지 않으니까. 말하자면 작곡가는 게으른 천재에 잘 어울리는 이미지다. 하지만 연주자는 늘 무대 위에서 찰나의 실수를 경계하느라 긴장해야 한다. 연주자들에게는 작곡가처럼 악보를 지우고 곡을 다시 고쳐 쓸 시간이 없다. 부지런하게 자기 관리를 잘하는 사람이라야 좋은 연주자가 될 것이다. 과학기술계에서도 비슷하다. 과학자들이 쓰는 논문이나 이론은 시간이 좀 걸리더라도 임팩트가 커야 하지만, 엔지니어는 현장에서 제한된 일정, 예산 그리고 안전과 싸워야 한다. 엔지니어들에게 있어서 제품이 생산되는 공장과 판매되는 시장은 실수하면 안 되는 연주자들의 살얼음판 무대와 같다. 그러니 빙판 위의 여왕 김연아처럼 열심히 연습해야 한다.

루빈스타인을 진짜 닮고 싶은 이유는, 95세까지 장수하면서 90세까지 현역으로 연주자 생활을 했다는 점이다. 루빈스타인은 자신의 인생 전체를 전투가 벌어지는 일선에서 보냈다. 그는 1982년 겨울, 성탄절을 며칠 앞두고 제네바에서 숨을 거두었다. 1983년 1월에 있었던 대졸 신입사원 공채 면접에서, 필자는 타계한 피아니스트 루빈스타인이 어느 나라 사람인지에 대한 질문을 받은 적이 있다. 이 글을 쓸 만한 인연이 그 옛날부터 있었나 보다.

더불어, 모차르트도 이야기하고 싶다. 모차르트는 작곡가로서만이 아니라 연주자로도 훌륭했다고 한다. 자신의 작품을 스스로 훌륭하게 연주할 수 있었던 모차르트처럼, 과학자들도 절반은 엔지니어가 되어야 제대로 된 과학을 할 수 있지 않겠냐는 생각도 해본다.

날씨도 문화도 돈이다

필자는 프랑스에서 박사학위를 마쳤고 미국에서 취직해 10년 동안 살다가, 다시 프랑스로 돌아왔다. 그래서 프랑스는 말도 불편하지 않고 문화도 익숙했던 나라였는데, 너무 미국화된 탓인지 돌아와서 다시 적응하는 데 상당한 시간이 걸렸다. 함께 프로젝트를 하려고 한국에서 파견을 나온 엔지니어들의 불만이기도 했는데, 돈은 일찍 받아 놓고 왜 서비스는 이렇게 느리냐는 것이다. 예를 들면 인터넷 설치라든지, 자동차 수리 같은 것들 말이다. 한국 사람들이 흥분할 때마다 고객(돈)이 왕노릇을 하는 자본주의에 너무 중독된 탓이라고 역설하지만, 사실 그렇게 말하는 필자도 불편할 때가 많다. 도대체 프랑스인들은 이렇게 게으르고도 어떻게 선진국 대접을 받으며 먹고사는지, 신기한 구석이 한두 가지가 아니다.

이런 나라가 선진국이 맞을까? 단지 조상을 잘 둔 덕에 그 후광으로 산다는 생각도 해보았지만, 현재 관점으로도 프랑스가 선진국인 것은 분명하다. 필자가 쓴 다른 책에, IT를 중심으로 한 고도의 서비스 사회는 격심한 빈부격차를 야기하는 불평등 사회라는 주장을 담은 적이 있다. 그래서 제조업이 강한 나라로 가자는 의지를 피력했었다. 그런데 프랑스는 제조업 국가도 아니고 IT가 발달한 국가도 아니다. 주된 산업은 첨단기술과 문화예술이다. 더군다나 후쿠시마 사고가 난 후에는 한 번도 사고가 없었던 프랑스의 원자력 발전 기술이 새삼 주목을 받고 있다. 최고의 기술을 가진 미국-러시아-일본이 한 번씩 큰 사고를 냈지만, 전력의 거의 80%를 원자력으로 충당하는 프랑스는 사고가 전혀 없었다. 항공산업은 어떨까? 납기를 못 지켜 자주 입방아에 오르내렸지만, 상업 운행을 시작한 후에는 날아다니는 호텔이라는 칭송을 받는 거대 여객기 A-380은 남불의 뚤루즈에서 생산되고 있다.

그런데 현찰과는 거리가 있어 보이던 문화예술도, 심지어 날씨까지도 첨단기술만큼이나 돈이 된다는 것을 남불에 살면서 확실히 느끼고 있다. 프로방스 지방의 모든 도시는 하지를 맞이하면 음악제를 한다. 한 해 중 해가 가장 긴 6월 21일을 전후로 하는데, 시내 중심부는 새벽까지 인산인해를 이룬다. 음악제 며칠 전부터 시내에서는 영어와 독일어가 많이 들릴 정도로, 영국과 미국 그리고 독일에서 사람들이 엄청 많이 온다. 칸영화제, 아비뇽 연극제, 니스 꽃 축제, 오랑쥐 재즈 축제 등 판을 벌여서 잘 놀기만 하면 수많은 관광객들이 찾아와 돈을 뿌려 주고 간다. 요즘 해마다 프랑스를 방문하는 관광객 수는 8천만 명에 달한다고 한다. 전체 프랑스 국민 수보다 많은 사람들이 프랑스를 찾는 것이다.

원가가 적게 드는 관광산업은 순이익이 최소한 30%에 달할 것 같다. 우리나라 수출품의 평균 순이익이 매출의 10%가 안 된다는데, 참 열통 터질 일이다. 여기는 이렇게 게으른(?) 인간들이 좋은 날씨 속에서 잘 놀기만 하면 돈이 되는 구조다. 치열한 경쟁 사회에서 박 터지게 일해야 먹고살 수 있는 우리들은 이해하기 어렵다. 물론 프랑스의 관광산업은 좋은 날씨 덕분에만 잘되는 것은 아니고 인프라 자체도 편리하게 구비되어 있다. 도시 간을 연결하는 기차와 고속도로가 잘 정비되어 있고 시내 교통은 지하철, 버스, 전차가 조화롭게 공존한다. 쇼핑에서는 흥정도 할 수 있고, 무엇보다 바가지가 없으며 길을 물어보면 사람들이 무척 친절하다. 그리고 좀도둑은 엄청 많지만 살인, 강도 등 흉악 범죄 발생률은 무척 낮다. 인근의 이태리와 스페인도 비슷한 문화를 가지고 있지만, 인프라와 안전성 그리고 상거래의 공정성 면에서 프랑스보다는 떨어진다.

프랑스는 체질상 예술을 중시하는 민족이다. 정책도 그러한 체질을 잘 뒷받침해 주고 있다. 그래서 거리의 악사들은 교향악단의 전속 연주자처럼 자부심이 강하고, 각종 공공 조형물에는 아름다운 디자인이 가미되어 있다. 골목의 악사들과 춤꾼들은 시에 등록을 하면 경제적인 보조를 받을 수 있다. 자신들이 좋아하는 일을 하며 놀기만 해도 돈을 버는 모습을 보니, 마치 골프선수들이 자기가 좋아하는 운동을 마음껏 하면서도 잘 먹고 사는 배 아픈 장면이 생각난다. 물론 골프도 직업으로 하면 힘들 것이어서 고역이라고 생각하는 프로선수들도 있겠지만, 그런 사람들이 최상위권에 속할 리는 없을 것이다. 좋은 일을 즐겁게 해야 성과가 있을 테니까.

제조업을 중심으로 돌아가는 독일과 일본은 우리나라를 비롯한 아시아 국가들의 심각한 도전을 받고 있다. 하지만 문화예술을 배경으로 한 프랑스, 이태리, 스페인은 큰 노력 없이 쉽게 사는 것 같다. 스페인이 곧 망할 것이라고 난리였지만 농업이 탄탄하고 관광객이 많은 나라라 쉽게 망할 리가 없다. 그리고 망해도 농업이 있으니 먹고사는 데 뭐가 문제겠는가?

우리 이공계는 확실한 것만 중시하다 보니 문화를 너무 무시하는 경향이 있다. 이제는 4차 산업 정보통신기술에 콘텐츠를 결합하자며 이공학과 문화를 접목시키려는 움직임이 나오고 있지만, 아직까지 콘텐츠 타령은 끼워 팔기 수준을 벗어나지 못하고 있다. 이제부터 우리가 직시해야 할 것이 있다. 21세기부터 인류는 과거에 너무 많이 일해서 야기된 잉여생산을 나누고 즐기는 문화의 시대로 접어들고 있다는 사실이다. 더 많이 생산하겠다고 동물을 학대하고 환경까지 파괴하는 '부지런을 떠는 사고뭉치들'이 아니라 '게으른 낭만주의자들'의 세상이 되어 가는 것이다. 웬만한 연예인이 고소득 전문직보다 돈을 많이 버는 시대이니, 성적표에 연연해서 자녀들을 너무 닦달하지 않았으면 좋겠다. 앞으로는 낭만을 좇아 건강하게 잘 노는 것이 오히려 남는 장사가 될 것이니까.

2%의 기술 차이가 200%의 가격 차이를 만든다

독일 하이델베르크에서 열린 한인과학기술자회의에 참석한 적이 있었다. 오랜만에 한국에서 오신 분들을 만나 토론할 수 있는 기회였다. 그런데 회의에서 어떤 분이 요즈음 한국에는 사업만 있고 산업은 없다는 이야기를 꺼냈다. 무슨 말인지 물어보았더니, 무슨 무슨 프로젝트라고 외국에서 장비와 시설을 사다가 설치해 둔 '사업'은 많은데 그것이 사회에 녹아들어 경제를 돌리는 산업 역할은 하지 못하고 있다는 것이다.

옛날, 앞마당 우물 위에 있던 펌프 기억하는가? 물을 길어 올린 지 오래되어 내부에 물이 다 빠져 버린 펌프는 손잡이를 쥐고 아무리 펌프질을 하더라도 물이 올라오지 않는다. 펌프 안에 먼저 물을 한 바가지 부어 넣고 나서 펌프질을 해야 비로소 아래에 있던 물이 올라온다. 펌프 위에 진공을 만들어 아랫물을 끌어올리는 역할을 해주는 이 물을 '마중물'이라고 한다. 마중물이 사업이라면, 나중에 연속적으로 펌핑 되는 물은 산업에 해당된다. 화학적으로 말한다면, 사업이라는 촉매를 사용해서 산업이라는 반응을 만든다고도 할 수 있다. 좌우간 사업은 일회적이라면 산업은 연쇄 반응을 일으키는 경제적 동력을 말한다.

과거의 신문 기사들을 생각해 보면 사업은 있고 산업은 없다는 말이 무슨 말인지 더욱 잘 다가올 것이다. 당시엔 외국에서 기술을 들여온 이후, 우리 식으로 바꾸어서 더 좋은 성능으로 만들었으니 프로젝트 대성공이라는 자화자찬의 기사가 종종 실리곤 했다. 하지만 몇 년이 지나면 그때 자랑하던 시설이나 장비는 들여온 그대로 쓰이거나 심한 경우 먼지만 쌓여 전시물로 전락하는 경우도 있었다. 창조는 모방에서 시작된다는 것을 믿고 거액을 투자했는데 카피는 다 해놓고 재창조를 못 한 것이다.

왜 그럴까? 답변은 언제나 하나로 수렴된다. 20년 전부터 지겹도록 말해 오던 것인데, 바로 우리에게 '기본 기술'이 없기 때문이다. 예를 들면, 휴대전화와 가전제품으로 세계를 휩쓴 삼성전자가 정작 독자적으로는 시장에 내놓은 상품이 하나도 없다는 말이다. 후발주자들은 바짝 따라오고 선진국은 저만치 앞서가는데, 우리는 어디로 뛰어야 할지 몰라 갈팡질팡하고 있다.

필자는 우리에게 기본 기술이 없는 원인이 실력이 모자라서가 아니라 문화적인 문제에 있다고 생각한다. 한국 대학이 경쟁력이 떨어지는 것도 학생들의 자질이나 교수들의 실력이 모자라서가 아니라 문화의 문제다.

가령, 우리나라의 과학기술인들은 기계 만지는 것을 싫어한다. 그래서 고상한 기술만 좇느라 이론 논문을 쓰거나 컴퓨터 다루는 일이 우선이다. '실사구시實事求是'라는 말은 갈수록 '실사구식'으로 바뀌고 있다. 실질로부터 진리를 추구한다고 써두고는, 실질 추구는 구식이라고 읽는 것이다.

지금 우리 기술은 이제 막 걸음마를 배우는 맹아 단계가 아니다. 거의 모든 것을 알고 있는데 마지막 2%가 모자라서 고급 기술을 구사하지 못하는 상태이다. 국산 자동차들도 그렇다. 잘 굴러가고 잔고장도 없긴 하지만 독일의 고급 자동차와 비교하면 아직 초라하다. 그런데 이 둘 사이에 많은 차이가 있는가? 똑같이 액셀 밟으면 가고 브레이크 잡으면 서는 것으로 보아, 겨우 2% 정도의 차이밖에 없다. 하지만 가격은 두 배 이상 차이가 난다. 2%의 기술 차이가 200%의 가격 차이를 만드는 것이다.

상위 2%의 기술은 형이상학적인 연구로는 얻을 수 없다. 왜냐하면 마지막 2%는 논문에 안 나오기 때문이다. 여러분 같으면 이 마지막 2%까지 모두 논문에 쓰겠는가? 어떤 바보가 핵심 기술을 논문에 담을까? 그냥 과정을 두루뭉술하게 설명하고 결과만 자랑하든지 아니면 특허를 먼저 접수해 두고 논문에 낸다. 때문에 모자라는 2% 극복은 자신만의 힘으로, 그리고 스킨십으로만 가능하다. 만져 보고, 두드려 보고, 조여 보고, 풀어 보며 수십 번 수백 번 고민과 의심을 반복하고 나서야 비로소 무릎을 탁 치는 깨달음이 주어진다. 하이테크를 손으로 만져 봐서 자기 기술로 만드는 '하이터치'가 필요한 것이다.

높은 수준의 연구자들이 손에 기름 묻히기를 싫어하는 풍토는 바뀌어야 한다. 이론 연구만으로는 최첨단 하이테크 기술의 완성도를 최고봉까지 높일 수 없다. 마찬가지로 하드웨어에 익숙하지 않고 터치를 거부하는 기술자는 명인도 못 되고 명품도 생산할 수 없다.

노벨상보다
더 시급한 문제

우리나라 이공계에서는 학력이 높은 인재들이 기업을 선호하지 않는다. 모두 교수가 되려고 하고, 최소한 정부 출연 연구소라도 가고 싶어 한다. 유교 문화 때문이기도 하지만 가장 큰 문제는 기업 자체에 있다. 한국 기업은 제대로 연구할 여건이 전혀 갖춰져 있지 않은 데다가 늘 일정과 매출에 쫓긴다.

그리고 대부분의 스트레스는 일이 아닌 인간관계에서 온다. 관계를 중시하는 만큼 체계적인 연구는 뒷전이다. 그러다가 갑자기 고급 기술이 필요해지면 야단법석을 떨다가 결국 외국에서 통째로 들여온다. 이 문제는 정부 출연 연구소도 마찬가지이긴 하지만, 최소한 연구소는 연구의 일관성이라도 갖추려 한다. 반면에 기업의 연구 방향은 럭비공처럼 어디로 튈지 알 수도 없고, 충분한 기간도 주지 않는다. 우리의 '세계 초일류 기업들'이 세계 시장을 석권한다지만 그런 제품들은 사실 다 카피본이다.

필자가 기업을 떠나온 지 오래되어 뭘 몰라도 한참 모르는 소리를 하는 것이라면 정말 다행이겠다. 외국 선진 기업들의 연구 개발 역사는 그야말로 '맨땅에 헤딩'한 역사들이다. 그런데 우리는 능력은 없는데 외국에 다니며 본 것들은 많아서 어느 정도 진행될 때까지 기다려 주지를 못한다. 그래서 연구자들은 대부분 연구 관리만 하고 있다. 필자는 아직까지 계산하는 짓(?)을 하고 있다고 자조했는데, 한국에서 온 연구원들 중에는 오히려 필자를 부러워하는 사람들도 있다. 물론 아직도 컴퓨터 시뮬레이션하는 필자를 딱하게 생각해 주는 '가슴이 따뜻한' 연구자들도 있다. 그들은 주로 기획이나 관리를 하니 엄청난 액수의 프로젝트를 주무르고 외국의 동향도 잘 안다. 그런데 막상 실제 업무에 들어가면, 청산유수였던 말과는 딴판으로 직접 할 수 있는 계산이나 설계 능력이 없다. 아직도 실무를 충분히 할 수 있고, 그래야 할 나이인데도 말이다. 그리고 왜 일정 나이에 이른 고참들은 전문가는 없고 모두가 매니저인지는 정말 이해하기 어렵다.

할 수 있는 역량을 가진 것과 직접 해서 이룬 것은 엄연히 다르다. 위치에너지를 운동에너지로 쉽게 바꿀 수 있다고 배웠지만, 넘어야 할 벽이 있다. 말로 할 때는 별 어려움이 없지만 직접 상황을 해결하려면 여러 장애물들을 무사히 넘어야 한다. 예전에는 우리의 R&D 수준이 모자라다는 평가가 많았지만, 이제는 웬만큼 수준이 올라갔기에 정말 조금만 시각을 바꾸고 조금만 기다릴 줄 알면 될 일이다. 미국이나 유럽에서는 인재들이 학위 취득 후에 대학이 아니라 일류 기업에 우선적으로 들어가려고 한다. 기업이 월급을 훨씬 많이 주고 유용한 연구도 많이 하기 때문이다. 우리나라 유학생들이 공부를 마친 후 현지에서 대학교수가 되는 사람들은 제법 있는데, 기업에는 거의 못 들어간다. 일류 기업에 들어가려면 전공 실력 외에도 언어와 문화에 대한 이해까지 갖추어야 해서 이민자들에게는 기업이 대학보다 훨씬 높은 장벽이다.

좌우간, 국내에서는 언제쯤이나 최고의 인재들이 서로 기업으로 가려고 경쟁하게 될까? 1만 명을 먹여 살릴 천재가 그립다는 기업들이, 왜 천재를 배양할 토양은 만들지 못할까? 밖에서 모셔 오는 것이 더 쉬우니까 그렇겠지만, 내부적으로 인재를 재생산할 수 없는 구조로는 인재 공급에 분명한 한계가 있다. 노벨상보다 훨씬 더 시급한 문제다. 이제 대기업들도 하청업체에 맡긴 연구 프로젝트 관리만 할 때가 아니라 연구 자체를 할 때이다. 그래서 실력 있는 박사들이 대기업 연구원 자리와 유명 대학의 교수 자리를 놓고 어디로 갈지 고민할 정도가 되어야 우리 기업들이 진짜 일류가 될 수 있다.

기업들은 유유자적하며 늘어지는 '게으른' 연구 풍토에서 첨단기술이 나온다는 것도 알아야 한다. '생계형 연구'로는 정상에 서기 어렵다. 즐기면서 하는 '풍류형 연구'로 가야 한다. 이렇게 치열한 세상에서 한가한 소리나 하고 있다고? 아니다. 살아남기 위해서이다. 마지막까지 살아남는 자는 좋아하기 때문에 끝까지 갈 수 있는 사람들이니까.

‘먹고사니즘’을 뛰어넘을 때
진정한 공부가 시작된다

미국에서 『알기 쉬운 푸리에 급수』라는 책을 산 적이 있다. 내용은 좀 빈약했지만, 상당히 쉽게 설명하려고 노력한 책이었다. 그런데 책이 좀 이상해서 자세히 들여다봤더니 일본 책을 영어로 번역한 것이었다. 저자는 일본의 한 아마추어 지식 클럽 회원들이었다. 클럽은 아줌마들까지 포함된 일반인 동아리였다.

푸리에 급수는 현대전자공학의 탄생을 가능하게 해준 수학이다. 푸리에 급수 같은 수준을 일반인들이 공부한다는 것은 마치 중학교 1학년 학생이 미분방정식을 놓고 씨름하는 정도라고 할 수 있다. 어려운 수준이지만, 몰라도 사는 데 전혀 지장이 없는 고등수학을 붙들고 왜 일부러 멀쩡한 머리를 고문하는지 신기한 일이다.

우리나라가 그동안 과학기술에 투자한 돈과 정부의 관심은 결코 적다고 할 수 없다. 정부의 과학기술 정책이 부족하다는 불평도 흔하다만 사실 다른 분야와 비교해 보면 할 만큼 했다. 아쉬운 점은 정부의 지원이나 기업의 마인드보다는 한국 사회에 과학기술 문화가 빈약하다는 것이다. 과학기술을 꼭 알아야 할 교양이라고 생각하지 않고, 그저 '먹고사는' 도구로만 생각한다. 아마도 유교 문화의 영향일 터인데, 기본적인 한자나 영단어는 모르면 부끄러워하지만 기초적인 수학, 과학 지식은 몰라도 창피함을 느끼지 않는다. 우리 문화는 사람만 좋아하고, 지적 호기심이 자연에까지 확대되지 못하고 있다. 그래서 사람 간의 역학과 계파가 꼬여 있는 정치에는 관심이 지나치게 높으나, 물리적 역학을 이해해야 하는 과학기술은 전공자들만의 영역으로 제한해 버린다.

이렇듯 과학 문화가 빈약하다 보니, 수학은 입시를 위한 변별력의 도구로 전락한 지 오래다. 그래서 입시를 겨냥한 수학 학습지 시장은 큰 데 반해, 대학생 이상의 수학책 시장은 몹시 빈약하다. 학교 다닐 때까지는 영어와 수학 둘 간의 위상이 비슷하지만 취업하고 나면 확 달라져 수학은 영어 근처도 못 간다. 물론 이렇게 된 책임을 묻는다면 전공자들의 잘못도 크다. 거의 모든 에너지를 학술 논문에 소진하고 대중들에게 '전도'하는 일에는 소홀했기 때문이다.

필자는 영국 BBC나 미국 내셔널지오그래픽National Geographic이 제작한 자연탐구 TV 프로그램을 볼 때마다 그 제작진이 참 위대해 보인다. 오지에서 외롭게 자연을 관찰하는 사람들은 인간 세상이 얼마나 그리울까?

그래서 외로움을 이겨 내고 자연을 탐구하는 그들의 구도자적인 마음이 부럽다. 물론, 그들 중에는 '생계형' 관찰자도 있겠지만, 그것도 정말 싫다면 문명이 없는 오지에서 오래 못 버틸 것이다. 또한 그런 관찰의 결과를 가치 있게 여기는 사회의 과학기술 문화 수준도 대단한 것이다. 돈 되는 주식이나 부동산 가격 정보도 아니고 따끈따끈한 연예가 중계도 아닌데 말이다.

사람하고만 살 수 있다면 자연에 대한 관심이나 애정은 선택 사항이겠지만, 우리는 자연과의 사귐 없이는 살 수 없고 인간도 자연의 일부다. 그러니 자연 탐구는 인간의 필수 운명이다. 그래서 어린이뿐 아니라 어른들에게도 과학기술은 재미있고 유용한 분야라는 인식을 심어 주어야 하는데, 현재는 분야가 더욱 세분화되고 있어 과학기술자끼리도 소통이 어렵다.

몇 해 전 필자가 회장을 맡았던 재불한인과학기술자협회는 프랑스 리옹에서 콘퍼런스를 개최했는데, 테마를 '학제 간 연구'로 정하고 목표를 '분야별 소통'으로 했다. 보통 학회와 달리 자기가 연구하는 것을 자기 분야의 전문가가 아닌 일반 과학기술인을 상대로 한 발표 자료를 만들어 발표하도록 했다. 모든 약자나 생소한 전문 용어들도 일반 용어로 대체했다. 즉, 다른 전문가들에게 전하는 '과학기술 교양 강좌'가 되도록 초점을 맞춘 것이다. 반응은 상당히 좋아서, 발표 도중에 자리를 뜨는 사람도 없었고 발표 후에는 질문도 많았다. 대학이나 연구소에서도 이런 시도를 한번 해 보라고 권하고 싶다.

관련 분야 종사자끼리 먼저 잘 소통한 다음에야 비로소 바깥과의 소통도 의미가 있을 것이다. 일반인이 과학을 너무 모르는 것도 창피한 일이지만 과학도가 자기 분야만 아는 것도 함량 미달이다. 과학도 문학이나 예술처럼 누구와도 자유롭게 논할 수 있는, 조금 더 가볍게 즐길 수 있는 문화적 환경이 만들어지면 좋겠다.

"미래에는 어떤 분야가 뜰까요?"

패션에만 유행이 있는 것이 아니라 과학에도 유행이 있다. 그리고 그 유행도 패션처럼 돌고 돈다. 필자가 과학이라는 말에 관심을 가지기 시작했던 1980년대로 거슬러 올라가 보면, 당시에는 입자물리학이 유행이었다. 입자물리학에서 노벨상도 많이 나왔고 가속기로 때려서 뭔가를 쪼개 보던 미시 세계가 인기 있던 시대였다. 잘게 잘라 봐야 별 신통한 현상을 발견하지 못하게 되자 인기가 슬슬 시들해졌다. 초끈이론이니 하던 이야기들도 이제는 상당히 잠잠해진 상황이다.

1990년대에 들어와서는 반도체를 중심으로 한 고체물리학의 시대였다. 이때는 컴퓨터 공급이 폭발하면서 반도체와 관련된 과학이 대세였다. 초전도체 연구도 고체물리학에 많은 관심을 갖게 했다. 에너지 준위니 하는 말들이 많이 들리던 시대였다. 하지만 '황의 법칙'이라고 떠들썩하던 반도체 분야와 고체물리학도 어느 순간부터 약간씩 조용해지기 시작했다.

2000년대에 들어와서는 생명과학 분야가 뜨기 시작했다. 생명과학은 앞으로도 한동안 고공 행진을 할 것이다. 우리의 몸과 건강을 '인질'로 잡고 있기 때문이다. 그런데 줄기세포는 너무 많은 변수에 윤리 문제까지 겹치면서 약간은 시들해져 가고 있다. 학생들도 연구보다는 의대나 약대를 가기 위한 하나의 과정으로 여겨 생물이나 화학 분야로 몰리고 있다.

그런데 생명과학과 비슷한 시기에 조용하게, 그러나 알차게 실속을 차린 분야가 있다. 바로 나노과학이다. 한때 '나노'라는 말이 붙지 않은 과학 실험실이 없었을 정도로 나노는 무척 흔한 이름이었다. 필자는 별 성과 없이 돈만 많이 쓰는 나노과학에 별로 높은 점수를 주고 싶지 않지만, 덮어두었던 결과들이 몇 십 년 후 다른 분야와 만나 어떤 엄청난 시너지 효과를 낼지는 아무도 모른다.

위에 열거한 입자물리학, 반도체, 생명과학, 나노 테크는 전부 미시 세계를 더 깊이 알아보려는 시도들이다. 그러던 과학이 이제 갑자기 방향을 전환하여 '녹색'이라는 이름으로 간판을 바꿔 달았다. 한동안 녹색과 환경이 유행을 주도할 것 같다. 재미있는 현상은, 과거에 환경 관련 과학은 재래식으로 분류되어 아주 낙후되었었지만 스케일만은 엄청 크다는 것이다. 지구온난화 같은 주제를 다루는 세미나에 가보면 지구에 대기를 더한 크기를 논한다. 시간도 입자물리학에서 이야기하는 몇 마이크로초가 아닌 최소 몇 백 년 단위다. 좁아진 넥타이가 다시 넓어지고 긴 치마가 짧아지는 패션계의 유행처럼, 과학도 냉전 시대 우주 개발 경쟁 당시의 거대 사이즈로 다시 돌아가고 있다. 10의 -9승인 나노 세계에서 10의 9승인 기가 Giga 세계로 갑자기 전환된 것이다. 위의 크기 차이는 밀가루 입자 하나의 크기와 태양계 전체 크기를 비교하는 정도의 차이다. 가장 유행에 둔감할 것 같은 과학도 시류에 예민하다니, 세상은 요동이 참 심하다.

그래서 요즘은 "미래에는 어떤 분야가 뜰까요?"라는 학생들의 질문을 받으면 "자네가 좋아하는 분야가 뜰 거야!"라고 이야기해 준다. 중심이 똑바르면 실리가 없더라도 명예는 지킬 수 있지만, 시류에 흔들리다가 실리와 명예를 다 놓치면 정말 남는 것이 없다. 이제부터 젊은 세대는 과거의 '생계형 과학'을 벗어던지고, '취미형 과학'을 해보길 권한다. 밥은 누가 먹여 주냐고? 좋아서 하는 일인데, 설마 산 입에 거미줄 치랴? '죽고자 하면 살고, 살고자 하면 죽는다.'는 이순신 장군의 말씀은 오늘날도 여전히 유효한 생존 전략이다.

낙서가 예술이 되는 사회

한참 전 일인데, 고등학교에 다니던 아들이 쉬고 싶던 주말 저녁에 그래피티Graffiti 예술가들에 대한 다큐멘터리 DVD를 같이 보자고 권해 왔다. 벽에 알 수 없는 형태로 크게 낙서하는 사람들의 이야기다. 별로 내키지는 않았지만, 부모를 슬슬 피하기 시작하는 아들이 오랜만에 기분 좋게 제안을 했는데 감히 거절할 수 없었다.

다큐에 등장하는 이들 중 대다수를 차지하는 흑인들의 영어는 알아듣기 쉽지 않았지만 아들의 도움을 받아 가며 어느 정도 내용을 이해했다. 그들이 왜 이런 일을 하는지 쉽게 이야기하면 이렇다. 낮에는 자본주의로 돌아가는 사회에서 그들은 아무것도 없는 약자다. 하지만 모두가 퇴근한 밤에 그들은 거대한 빌딩을 소유할 수 있고, 모든 승객이 집으로 돌아가면 빈

기차도 혼자 전세 낼 수 있다는 것이다. 그들은 빌딩이나 기차 벽을 도화지 삼아 그림을 그리면서 자기를 표현한다. 그들이 왜 자기 돈을 들여, 경찰과 숨바꼭질을 하면서까지 그런 '예술'에 심취하는지, 예술이 아니라면 사회에 대한 저항인지 그 내면까지 이해하기는 어려웠다. 하지만 그들이 낙서한 도시의 높은 건물 벽은 거만했던 자본가들이 시민들을 알아보고 말을 건네는 다정한 이웃이 되게 탈바꿈했다. 돈으로 할 수 없는 어떤 기여를 그들만의 방법으로 사회에 하는 것이다. 비록 소유자의 동의 없이 타인의 재산을 훼손하는 현행범들이지만 말이다.

직장에서 정해진 일만 하는 순응적인 샐러리맨과는 확연히 다른 가치를 그들은 가지고 있었다. 애들과 독일 쾰른을 방문했던 기억이 났다. 미국에서 거액을 들여 감행했던 유럽 여행이었다. 네덜란드를 거쳐 쾰른까지 가서 대성당을 보여 주려고 아이들의 손을 끌었으나 그들의 눈은 벌써 성당 앞 광장의 마술사들에게 다 빼앗긴 상태였다. 세속화된 성당 앞마당을 잠시 안타까워했지만, 다시 생각해 보니 거리의 예술가들이 성당의 위압감을 덜어 내고 쾰른의 거리를 훨씬 따뜻하게, 사람 사는 곳으로 만들고 있다는 느낌이 들었다. 성당 안에는 아직도 하늘을 찌를 듯한 교권의 권위가 남아 있다면, 성당 밖은 르네상스 정신이 살아 숨 쉬는 거리로 정리가 되었다.

한국 사회는 다양성보다는 높은 것이 더 존중되는 사회다. 게다가 요즘은 왜 그리 잠시 떴다가 가라앉는 것들이 많은지 모르겠다. 우리는 그 틈 속에서 추락한 것들을 너무 쉽게 밟아 버리고 위의 것들에게만 환호하고 박수친다. 그래서 우리 사회에 권위를 누리는 사람은 많은데, 수준 높은 전문가는 부족하다. 소문만큼 전문성이 미치지 못하는 것이다. 그분들은 유명해진 후 사회와 접촉이 너무 많아지면서 자신을 재충전하기 어려웠을 것이다. 그런데 다양성을 기준으로 평가한다면 전문가는 더욱 줄어든다. 선호하는 직업도, 사람들의 관심도 제한되기 때문이다. 매체들이 보라고 강요한 뉴스만 접하다 보니 돈 잘 버는 연예인, 전지전능해 보이는 CEO, 그리고 청산유수처럼 말 잘하는 정치인들의 일거수일투족에 현혹되어서 우리는 너무 많은 시간을 내버리고 있는 것은 아닐까? 좀 더 많은 사람들에게 골고루 우리의 관심을 나누어 주고, 그들의 공로를 공평하게 인정해야 한다.

그래서 요즘 작은 결심을 하나 했다. 정치계와 연예계에 대한 지나친 관심은 이제 그만 끄자고 말이다. 외국에서 살다 보니, 정치와 연예계 이야기에 뒤처지면 한국 문화의 흐름을 놓치지는 않을까 하는 불안감이 있었다. 그리고 그런 이야기들을 따라가는 것이 고국에 대한 관심이라고 생각했다. 하지만 그것은 착각이었다. 상식과 가십을 착각하고 유희와 정보를 뒤섞어 버렸던 것이다. 이제는 좀 더 다양하고 질 높은 지식과 정보에 시간을 사용하려고 한다. 과학기술계를 포함하여, 다양한 사람들이 하는 여러 가지 일에 색다른 시각과 관심을 가지려 한다. 다행히도 시각을 좀 바꾸니 지루해 보이던 일들도 재미있어지고 있다. 수직적 관심에서 수평적 관심으로, 마음을 좀 이동시켜 보자고 모두에게 권하고 싶다.

정답보다 중요한 것은 전달력

기계치란 기계를 잘 못 다루는 사람들을 말하는데 주변에는 기계치가 아니라 아예 기계 같은 사람들도 있다. 필자는 요즘 여러 나라에서 온 과학기술자들과 일하고 있는데 재미있는 걸 목격한다. 같은 직업인들끼리는 국경을 초월해서 비슷한 특징이 있다는 것이다. 그래서인지 여기에서 접하는 외국 사람들이 그리 생소하지 않다. 여태껏 비슷한 환경에서 유사한 일을 해온 사람들이니까.

회의가 많다 보니 발표를 할 기회도, 들을 기회도 많은데 불행하게도 너무나 지겨운 발표들이다. 소통하려는 자세보다는 방어용 발표가 많고, 내용이 지겨워서 듣는 사람을 지치게 한다. 다들 비슷하게 느끼는지, 회의 참석자들은 대부분 컴퓨터를 들고 와서 자기 일을 하며 발표를 듣는다. 그러다가 자기 업무에 관련된 이야기가 나오면 그때만 잠시 참견한다.

발표하는 사람들은 세 가지 정도를 착각하는 것 같다. 첫째, 청중들은 자신이 발표할 주제를 잘 알고 있을 것이다. 둘째, 쉽게 설명하기보다 어렵게 말해야 프로패셔널해 보인다. 셋째, 상세한 자료를 화면에 띄워야 성의 있는 발표다.

그런데 대체로 발표를 듣는 청중의 절반 이상은 발표 내용이 친근하지 않아서 뭐가 중대한 이슈인지 모른다. 그래서 3~4페이지만 넘어가면 이해를 포기하고 다른 데 신경 쓰기 시작한다. 내용을 잘 모르는 사람들도 이해시키려는 발표라야 칭찬받는다. 잘 아는 사람들은 자기와 비슷한 연구를 하는 경쟁자들이어서 칭찬에 인색한 반면, 몰랐던 사람들은 앉아서 듣는 것만으로 새로운 지식을 얻었으니 아주 고마워하기 때문이다. 그리고 잘 모르는 사람들에게 칭찬받는 것은, 마치 눈을 가린 포도주 시음 대회에서 상 받는 것과도 같다. 비전문가들은 이해관계가 얽힌 당사자가 아니기 때문에 훨씬 객관적으로 평가할 것이다.

쉽게 설명하기보다 어렵게 말해야 더 전문성 있어 보인다는 착각은 더욱 중요하게 되짚어 봐야 하는 부분이다. 이공계는 객관적 사안을 다루지만 그 객관을 보는 각도는 여러 갈래일 수 있다. 3차원을 2차원으로 투사했을 때, 각도에 따라 실체가 다르게 나타나는 것처럼 말이다. 있는 그대로를 담는 사진도 앵글 덕분에 예술로 대접받는 경우가 많지 않은가? 우선 관련 용어를 제대로 살펴봐야 한다. 어려운 것을 쉽게 설명하려는 노력은 결국 정확한 용어를 선택하는 데에서 그 진가가 뚜렷하게 나타난다. 남들이 한 말을 그대로 인용만 하고는, 제대로 된 해석을 빠뜨리면 개념 사이의 연결이 촘촘하지 않아 청중과 교감이 어렵다. 자기만의 시선으로 용어를 재해석해 낼 수 있다면 개념들 간의 연결이 튼튼해질 것이다.

발표 자료에 상세한 내용을 써넣어야 한다는 착각은 성실한 연구자들이 자주 범하는 실수다.

상세히 설명해야 하는 논문과 달리, 발표용 파워포인트는 키워드 몇 개와 간단한 그래프만으로 충분하다. 너무 많은 내용을 화면에 써두면 청중들이 발표자의 이야기는 듣지 않고, 화면을 읽어서 내용을 이해하려고 한다. 그러면 발표자는 청중들과 눈을 맞추지 못하니 자기 발표에 관심이 없다는 뜻으로 착각하여 발표가 더욱 힘들어진다. 화면에 나오는 단어들이 발표자에 의해 하나씩 그 의미를 부여받는 식으로 발표해 나가는 것이 좋다. 바위를 하나씩 시냇물에 빠뜨려 징검다리를 만드는 방식으로 또박또박 발표하는 것이다.

그리고 발표는 연극 무대 같아야 한다. 배우가 관객들 앞에서 연기력으로 평가받는 무대 말이다. 거기서 눈에 안 띄면 다시 또 무대에 설 기회가 없을지 모르는, 정말 어렵게 찾아온 기회라고 생각하고 열정을 펼치자. 계산으로 얻어진 숫자는 정답이지만, 그 정답의 의미를 어떻게 재해석하고 알리느냐에 따라 정답의 가치는 무척 달라진다. 그리고 그런 가치를 설득하는 과정에서는 감성도 논리만큼이나 중요한 역할을 한다. 엔지니어라는 직업은 감성이 퇴화되기 쉽다. 오랫동안 이공계에 종사한 탓에 생기는 일종의 직업병이다. 필자도 감성이 너무 딱딱하다고 지적받을 때가 종종 있다. 동의하기 어렵다고 반박하지만, 평가는 남이 하니까 인정하고 고치는 수밖에 도리가 없다.

자신 내면에 감성이 모자라면 당연하게도 남의 감정을 읽는 능력도 떨어진다. 그래서 부지중에 상대방의 감정을 상하게 하는 일이 많다. 그런데 우리가 다 알다시피 사람은 감정이 상하면 마음을 열지 않는다. 한번 감정이 거슬린 다음에는 상대방이 아무리 좋은 아이디어를 내놓아도 먼저 비판부터 하려고 한다. 사실 그동안 이공계는 감성을 상당히 경계하며 살아왔다. 유명하다는 이공계 거물들은 거의가 지겨운 모범생 스타일이다. TV에 나와 어려운 이론을 쉽고 재미있게 이야기해 줄 만한 이공계 전문가들이 부족하다. 거짓말에 가까운 지나친 과장은 경계해야겠지만, 과학기술계 전체가 지겨운 인간들 집단이라는 편견만은 없애려고 노력해야 한다.

진심으로 감성의 가치를 존중할 필요가 있다. 감성이 단지 커뮤니케이션을 원활하게 하기 위한 도구만은 아니라는 이야기이다. 이공계를 졸업한 후 10년 이상 전공 관련 일을 해왔다면, 강산이 바뀔 동안 상당히 기계화되었을 가능성이 크다. 감성이 말라 버린다면 가장 큰 피해자는 우리 자신이다. 배우자에게마저 '당신은 지겨운 사람!'이라고 찍히지는 않았는지? 이제는 풀어야 할 방정식에 '감성'이라는 항도 하나 더 추가시켜 보자. 계수를 다른 항보다 두 배 정도 크게 잡아서 말이다.

놀이하는 인간이 성숙의 시대를 이끈다

우리나라의 과학기술은 계몽주의가 만들어 낸 철학적 과학이 아닌 보릿고개를 넘게 해준 '생계형 과학'이다. 과학기술은 고도성장과 수출 드라이브 환경의 첨병이었다. 그런데 이제는 저성장 시대가 왔고, 이런 시대는 앞으로도 계속 이어질 것이다.

사실 저성장의 시대에는 성장은 안 되지만 성숙을 위해서는 더할 나위 없이 좋은 시간이다. 즉, 외형보다 내적 풍요를 도모하고 양보다 질을 추구하게 되는 철든 인격체가 되어 가는 길목인 셈이다. 하지만 우리는 지금 기둥에 새겨진 눈금에 키를 재보고 몇 년 동안 고작 1cm밖에 자라지 못했다며 충격을 받은 모양새다. 성장에는 익숙한데 성숙은 손님처럼 아주 낯선 존재이니까. 그래서 성숙으로 눈을 돌리지 못하고 아직도 과거의 향수에 취해 성장만을 채근한다. 반면 인문학 전공자들은 성장에서 성숙으로 넘어가는 시대의 전환점을 제대로 읽어 냈다. 지금이야말로 그들의 세상이라는 듯, 봇물 터지듯 인문학 담론들이 쏟아지고 있다. 과학기술계는 어떤가?

생계형 과학이 한계에 이르자, 지난 정권에서는 '창조 경제'라는 목표를 달성하라며 과학기술에게 선문선답 같은 과제를 던져 주었다. 신의 단어인 '창조'가 들어갔으니 꿈보다 해몽이 중요하다. 이때 우리는 어떤 해몽을 내놓았나? 결론적으로 보면, 우물쭈물 그냥 세월을 보내다 넘어갔다.

단순하게 생각해 보자. 성장에서 성숙으로 가면서 생기는 현상은 일은 적게 하고 노는 시간이 많아진다는 것이다. 직접적으로는 음주, 도박, 스포츠도 증가하겠지만 좀 더 고상하게는 예술과 인문학으로 노는 사람도 많아진다. 그래서 노는 것과 친한 사람들은 주로 쉬고 많이 놀면서도 고되게 일하는 사람들보다 돈을 더 잘 벌게 된다. 카카오톡을 보자. 그들은 사람들이 서로 연락하며 노는 일, 시간 죽이는 일을 도운 것에 대한 대가로 돈도 벌고 시장의 권력도 누린다. 다음과 합병할 때는 전 직원이 돈방석에 앉았다고 한다. 성숙의 시대에는 기술이 레저나 문화와 어울려야 하는데, 과학기술계의 권력자들은 옛날부터 공부만 해온 사람들이다. 공부벌레 대학교수들, 일벌레 대기업 중역들, 멸사봉공의 고위 공무원들, 국가만 생각하는 연구소 중진들…. 모두 노는 일에는 익숙하지 않은 분들이다. 우리 사회의 엘리트 상이 너무 과거의 프레임에 갇혀 있다. 우리 스스로가 집집마다 좋은 대학 보내는 것, 그 후에는 고시에 붙거나 빨리 유학을 갔다 오는 것을 목표로 하고 있다.

우리가 주변에서 가지고 노는 것들이 연구 주제가 되어야 정말 재미있어진다. 공과대학에서 악기를 연구한다는 실험실은 안타깝게도 아직까지 들어 보지 못했다. 앞선 로봇 기술로 골프 샷을 멋지게 날리는 로봇은 왜 안 나오는 걸까? 타이거 우즈를 초청해서 우즈와 박인비가 한 조, 최경주와 로봇을 한 조로 하여 골프 경기를 치를 수는 없을까? 로봇에게 져도 그만이고 한 수 가르쳐 줘도 좋다. “골프는 승패가 중요한 것이 아냐! 좋은 사람들과 함께 즐기는 운동이지!”라고 로봇이 한마디 하게 프로그래밍할 수도 있다. 이런 면에서 바하의 악보를 수학적으로 분석할 필요가 있고 다빈치의 미술을 공학적으로 점검해 볼 가치가 있다. 이제는 전통적 공학 제품인 자동차는 흔하고 가전제품은 차고 넘치니까.

언제까지 스마트폰으로 먹고살 수 있을지 장담하기 어렵다. 뛰어난 카피 실력으로 언제든 거리를 좁힐 수 있다고 생각하면 영원히 머슴 신세를 벗어날 수 없다. 이제는 성숙의 시대와 노는 시대를 제대로 이해하고 준비해야 한다. 그렇다고 천박하게 놀아서는 안 되기 때문에 많은 고민이 필요하다.

지속가능 인생을 위한 한 가지 제안

요즘 환경이나 에너지 분야에서는 '지속가능Sustainable'이라는 단어가 많이 사용되고 있다. 얼마 전까지 사용되던 재활용Renewable, 대체Alternative 같은 단어들이 이제는 지속가능으로 통일되는 추세다. 이 단어는 원래 '어려운 상황에서도 잘 견딘다'는 뜻이다. 그러니까 좀 더 감칠맛나게 번역해 보면 '맷집이 좋다'는 의미다. 엄청 두들겨 맞아도 웬만하면 안 쓰러진다는 말이다. '지속가능'이라는 단어를 삶에 적용해 본다면, 질긴 인생, 쓰러져도 오뚝이같이 벌떡 일어나는 인생이 된다. 이번엔 질긴 인생, 그러면서도 여전히 행복한 인생을 어떻게 살 것인가에 대해 이야기해 보려고 한다.

우선, 나이가 들어도 꿈이 있어야 한다. 자식들 잘되는 꿈, 주식 오르는 꿈 말고, 자기 인생의 꿈 말이다. 꿈이라는 단어가 사춘기 때 썼던 연애편지처럼 유치하게 들린다면 반성해야 한다. 30대라면 당연히 꿈이 있을 것이다. 그런데 그 꿈이 연봉을 좀 더 많이 받아 더 넓은 아파트로 이사하는 것일까? 물론 이해가 된다. 요즘은 돈이 곧 권력이요, 실력인 시대이니까.

돈이 필요하다는 것은 당연히 인정하고 필자 본인도 절실히 느끼는데, 참 안타까운 사실은 돈에는 상한선이 없다는 점이다. 혹시 소박하게(?) 현금 2억 저축을 목표로 하는 사람들, 거기까지 가면 계획대로 삶을 제대로 즐기며 살 수 있을까? 우리 인간은 미래를 '너무 계획하는' 속성이 있는지라, 자기 돈에 남의 돈까지 빌려서 자기 수준에 버거운 집을 산다. 그 정도 돈으로는 자기가 사는 지역에서 제대로 된 집을 못 사는 경우가 많아 엉뚱한 곳에 집을 산 후, 그 집은 전세 주고 자기는 다른 집에 전세로 들어가는 등 머리를 너무 쓴다. 자신의 경제적 지위가 오르면 더 좋은 동네로 이사 가고 아이들 학교도 옮긴다. 그런데 이사해서 봤더니 그 바닥에서는 또 다시 자기가 바닥 인생이다. 그러면 또 올라가야지…. 이런 식으로 더 나은 미래를 향해 끝없는 경쟁을 하면서 현재를 희생시킨다. 시간이 지나면 미래는 다시 현재가 되기 때문에 이런 사람들에게는 영원히 만족스러운 미래가 오지 않는다.

이와는 좀 다른 방식의 삶을 이야기해 보려고 일부로 이런 이야기를 먼저 꺼냈다. 우리가 염두에 두어야 할 삶의 조건은 다음과 같다. 첫째, 평균수명이 늘어나고 있다는 것. 둘째, 노후를 국민연금에만 의지하기 어렵다는 것. 셋째, 자식들 도움은 거의 못 받는다는 것이다. 그렇다고 젊어서부터 노년을 대비해 열심히 돈을 모으는 것도 쉽지 않다.

필자가 제안하고 싶은 것은 인생 2막을 염두에 두고 틈틈이 자기가 원래 하고 싶었던 것들을 상당히 높은 수준까지 훈련하고 준비해 두자는 것이다. 그래서 늙어서는 쟁여 둔 돈을 꺼내 쓰기만 하는 것이 아니라 즐기면서 돈도 조금씩 버는 것이다. 이때 주의해야 할 점은 인생 2막을 위한 준비는 현재 하는 일이나 직업, 전문성과 너무 가까워도 안 되지만 지나치게 멀어도 곤란하다는 사실이다. 우리들 대부분은 자기가 하는 일이 그다지 전문성도 없고 가치도 형편없다고 생각하는 경향이 있다. 하지만 가치란 일 자체가 아니라 그 일을 얼마나 높게 승화시키느냐에 따라 결정된다. 명품을 예로 들어 보자. 품질은 보통의 상품보다 겨우 2배 증가했는데, 가격은 20배 이상 나가는 것이 명품이다. 그런데 명품이란 무엇인가? 금방 숨넘어가는 사람도 살리는 무슨 비약인가? 아니다. 누구나 들고 다니는 핸드백, 흔하게 걸치고 다니는 옷, 식탁에 놓이는 접시 같은 평범한 아이템들이다. 그렇다. 우리가 하는 일의 수준을 올리면 평범한 물건들이 명품이 될 수 있다. "말은 그럴듯한데, 뭐 좀 알기 쉽게 예를 들어 봐!" 이렇게 말할 사람들이 있을 것 같아 개인적인 이야기를 해보겠다.

필자는 은퇴 후에는 국제 여행 가이드가 되려고 한다. 이를 위한 준비는 첫째, 체력이다. 그래서 많이 걷고 있다. 둘째는 언어 실력이다. 그래서 여러 종류의 외국어 공부를 하고 있다. 하루에 30분 이상 외국어 공부를 한 날은 달력에 ○를, 못 한 날은 ×를 쓴다. 가족들과 며칠 여행을 다녀오면 줄줄이 ×××, 낯선 곳에 출장 갔다가 초저녁부터 혼자서 호텔방에 처박

혀야 하는 날에는 ○○를 할 수 있다. 출근하는 주중에는 보통 ○×○×를 기록한다. 마지막으로 역사, 문화, 예술 책을 두루 다양하게 읽고 있다. 이런 책을 읽고 있으면 아내는 꼭 한 번씩 잔소리를 했었다. 책 사느라 돈을 많이 쓴다고. 하지만 노후 계획을 여러 차례 이야기하고 난 다음부터는 구매 검열이 좀 느슨해졌다.

훌륭한 과학기술자이기 이전에, 나이가 아무리 들어도 여전히 궁금한 것들이 많고, 하고 싶은 일들이 많은, 그래서 여전히 "죽기엔 너무 젊은Too Young To Die" 청춘이 되었으면 좋겠다.

지식은 생물이다

당선 후 상황이 바뀌어 공약을 지키지 못한 정치인은 '정치는 생물生物'이라는 말을 핑계 삼는다. 비겁한 행위이지만, 사실 한참 전에 한 약속은 상황에 따라 안 지키는 것이 더 타당할 경우가 있다. 그래서 정치의 영역에서는 거짓말을 안 할 수 없는 딜레마가 있을 것 같다.

정치인들 두둔하려는 것은 아니고 정치뿐 아니라 많은 것이 생물이다. 주변 상황은 끊임없이 움직이기 때문에 정조준하고 있던 타깃은 슬며시 위치를 바꾸는 경우가 많다. 타깃이 커지거나 작아지기도 하고, 어떨 때는 위장막을 치고 숨어 버리거나 아예 사라진다. 이렇게 우리가 설정한 목표는 마치 생물처럼 자라거나 시들기도 하고, 죽었다가 차세대로 다시 태어나는 것처럼 변화를 겪는다.

그리고 이런 생물 같은 목표 중에 지식도 포함된다. 독자들 중에는 아마 왕년에 천재 소리 들었던 사람도 있을 것이다. 아니면 "이것만큼은 자신 있다!"는 것 하나쯤은 있었을 것이다. 그런데 지금도 여전히 그런가? 너 노력해서 그 분야에서 대가가 된 사람도 있겠지만, 이제는 왕년의 추억일 뿐인 사람들이 많을 것이다.

경험담이다. 대학 졸업 후 첫 직장에 다닐 때 영어 단어를 엄청 열심히 외웠다. 유학 가면 영어 부담만은 덜어 보자는 생각이었으니까. 자랑질이 좀 민망하지만, 그때 별명이 '걸어 다니는 사전'이었다. 그런데 요즘 어려운 영어 단어들을 보면 가물가물하다. 전공 분야에서도, 기초 수식들을 막상 노트에 쓰려면 오락가락하는 경우가 있다. 그래서 지식은 돌에 새겨 둔 영원한 조각물이 아니라 반복하지 않으면 휘발하고 마는 향수 같은 것이라고 느낀다. 이름하여 '지식 생물설'이다.

지식도 생물처럼 생로병사의 사이클을 겪는다. 처음으로 귀한 지식을 알게 될 때는 자식 귀한 집에 태어난 옥동자처럼 기쁨을 준다. 그렇게 무럭무럭 자라던 '지식 옥동자'는 크게 자라서 부모의 든든한 자부심이 되지만, 계속 잘 키우지 않으면 병들고 결국 조로해진다. 지식 노쇠의 증거는 질문에 답하는 시간이 오래 걸리는 것이다. 붙들고 씨름할 때에는 누가 물으면 바로 핵심을 찌르는 답변이 튀어나온다. 훌륭한 질문이 대견하다고 상대를 오히려 칭찬해 줄 정도다. 그러나 머리에 든 지식이 노쇠해지면 대답이 복잡해진다. 당연히 나는 잘 아는데, 듣는 당신 머리가 나빠서 이해를 못 하는 것이라고 주장하지만 정작 자신도 헷갈리고 있다는 증거다.

필자는 자료 저장 장애가 있다. 요즈음은 조금 증세가 완화되었다만, 한때는 복사기 옆에 아예 살다시피 했다. 수많은 자료를 보관만 하고 있어도 전부 본인의 지식이 되는 양 착각했던 것이다. 그렇게 많던 자료는 이제 손가락 하나만 한 USB 칩에 다 들어갔지만, 여전히 공부해야 할 분량이 줄어든 것은 아니다. 요즘처럼 기술의 진보가 빠른 세상에서는 고급 제품을 구입해도 3년만 지나면 구식으로 전락한다. 그래서 제품의 빠른 템포만큼이나 지식도 업데이트되어야 한다. 기본적인 원리가 바뀔 리는 없으니까 지식의 기본은 동일하다. 하지만 새로운 제품이나 기술에 적용되면 해석과 응용은 항상 새로워진다. 그래서 노쇠한 생물처럼 이미 낡은 지식이 죽고 나면 그 지식을 바탕으로 다음 세대의 지식이 태어난다. 지식은 박물관의 박제가 아니기에 왕년에 한번 열심히 해서 기초가 마련된 지식이어도 영원하지 않다. 안중근 의사께서 남긴, "하루라도 책을 읽지 않으면 입 안에 가시가 돋는다."는 구절을 생각해 보면 이 문구 역시 '지식 생물론'에 연결된다. 지식은 바위처럼 고정된 위치에 박혀 있는 것이 아니라, 생물처럼 자라고 병들고 죽은 후 다시 태어난다는 것이다. 병든다는 말은 아마도 새로운 지식이 추앙받다가 그 약점이 노출되어 수정되는 과정일 것이다. 마치 뉴턴의 운동방정식이 아인슈타인에 의해 보완되었던 것처럼 말이다. 이런 사이클을 거치며 지식은 부활한다.

지식이 꾸준히 업데이트되지 않으면 많은 지식이 오히려 머리를 딱딱하게 만든다. 그래서 이전 세대는 항상 "요즘 애들은 왜 이 모양이냐?"라고 말한다. 자신이 익숙한 것으로만 세상을 판단하려니 많은 지식이 오히려 생각의 유연성을 해한 것이다. 더 이상 거창한 논의를 할 필요 없이, 왕년에 가졌던 보검을 꺼내서 다시 잘 갈아 보는 것이 어떨까? 지식의 날을 세우는 과정에서 젊은 시절의 낭만도 함께 살아나지 않을까? 입시 지옥을 탈출한 기성세대에게도 여전히 공부가 중요한 이유다.

죽을 때까지
즐겁게 공부하고 싶다

뭐든지 한 살이라도 어릴 때 배워 둬야 한다는 말들을 한다. 특히 외국어가 대표적이다. 나이 들어서 다른 말을 배울라치면 혀가 굳어져 발음이 좋지 않다. 인간의 학습 능력과 나이의 관계를 도자기 제작 과정과 비교해 봤다.

도자기를 만들려면 우선 좋은 흙을 골라 와서 물과 섞어 반죽을 한다. 적당한 점도의 반죽으로 모양을 빚은 다음 음각이나 양각으로 새김을 넣는다. 마를 때까지 기다려 그림이나 채색을 하고 화로에 넣어 초벌구이를 한다. 다시 그 위에 그림을 그리는 등 장식을 하고 유약을 바른 뒤 재벌구이를 하여 완성되는 것이 도자기다. 여기서 좋은 흙은 좋은 혈통이나 유전자에 비견된다. 물기 있는 흙 반죽을 주물러 형태와 크기를 완성할 때가 성격과 꿈이 형성되는 유년기다. 더 굳으면 형태(성격)를 바꾸기도, 크기(역량)를 키우기도 어렵다. 그다음이 중요한데, 적당하게 굳은 도자기 위에 날카로운 것으로 긁어 조각을 하거나 글씨를 쓰는 것이 시춘기 시절에 하는 공부다. 너무 물렁할 때나 너무 말라 버린 다음이라면 도자기에 뭔가를 새겨서 만들기 어려워진다. 유약을 바른 후 재벌구이를 거친 도자기는 밥공기로든 요강으로든 용도에 따라 사용될 수 있을 뿐 더 이상 조각이나 그림을 그려 넣을 수는 없다. 성격 형성은 아주 말랑말랑할 유년기 때가 최적기이고, 학습은 머리가 약간 굵어지고 자의식이 싹트는 사춘기 때, 그리고 업무 능력이 있을 때는 '뺀질뺀질한' 유약이 칠해진 후 다시 구워졌을 때다.

공자는 인생삼락人生三樂 중 하나로, 배우고 때때로 익히는 일이 즐겁다고 했다. 하지만 나이 든 후에는 이미 유약까지 입혀진 도자기 위에 글을 쓰는 것처럼 배움이 쉽게 지워진다. 그때는 배우고 익히기가 어렵고 괴로운 것이다. 지워지지 않게 새겨 보려고 욕심을 내면 그릇이 깨질 정도의 위험을 감수해야 한다. 약해진 기억력과도 전쟁을 벌여야 한다. 그래서 영어 단어를 외운다면, 10대, 20대 시절에는 하루에 10개를 외워서 7~8개 정도 건진다면 30대, 40대에는 5개를 외워서 3~4개 건지다가, 50대, 60대가 되면 하루에 두 개 외워서 하나 건지는 전략으로 가야 한다.

이미 너무 많은 것을 어설프게 아는 선先지식도 문제다. 선지식이란 선행 학습을 통해 이미 알고 있는 지식이라는 뜻이지만, 설익었다는 의미도 포함된다. 어릴 때의 학습은 백지에 글씨를 쓰는 것이라면 나이 들어 하는 학습은 이미 써진 종이를 상당 부분 지운 후 다시 써야 하는 이중고가 된다. 제대로 된 지식이라면 다시 쓸 필요가 없겠지만, 중간중간에 끊어졌거나 잘못된 부분이 있다면 찾아서 지우고 고쳐야 한다. 집 고치는 일과도 비슷하지 않을까? 수리할 부분이 너무 많은 집이라면 부수고 다시 지어야 하겠지만, 아깝기도 하고 철거 작업에 들어가는 경비도 만만치 않기에 현 상태를 유지하며 집을 고치다 보면 나중에 죽도 밥도 안 될 수가 있다.

필자는 이런 일을 직접 경험해 보았다. 프랑스로 유학 갈 때는 불어를 전혀 못 했기에 백지 상태에서 현지 원어민에게 불어를 배웠다. 처음에는 진도가 늦었지만, 차츰 불어에 대한 이해가 높아지면서 실력은 상당히 좋아졌다. 지금 생각해 보면 한국에서 불어 공부를 하나도 못 한 상태로 현지에 와서 제대로 배운 덕인 듯하다. 하지만 그 후에 미국으로 갔을 때에는 처음 5년 동안 영어가 통 늘지 않았다. 어떤 문법책을 봐도 이미 거의 아는 내용뿐이었다. 완전히 아는 것이 아님에도 대강 알고 있던 것 때문에 문법책은 재미가 없었다. 영어를 할 때 잘 안 되는 이유는 우리말과 어순이 달라, 주어 다음에는 동사보다 목적어가 먼저 입에서 나오기 때문이다. 아마도 선지식 없이 현지에서 처음부터 영어를 배웠다면 어순 때문에 망설이는 시간이 상당히 짧아졌을 것이다. 나이 들면 선부른 지식이 많아져서 학습 능력은 퇴화하고 비판 능력은 엄청 늘어난다. 자기가 직접 뭘 할 줄은 모르지만, 남들의 약점을 공격하는 데에는 선수가 되는 것이다.

외람되지만 노년에 써먹을 만한 학습법을 하나 추천하고 싶다. 필자도 늘 적용하려고 노력하는 방법이다. 바로 뭔가 새로운 것을 접하면, 기존에

내가 알고 있는 것과 비슷한 점이 무엇인지를 따지면서 머릿속 데이터를 뒤지는 습관을 억제하는 것이다. 나이가 들어 뭔가를 배우면 딱 들어맞지 않는데도 일단 자기가 알고 있는 것과 억지로 끼워 맞춰 이해하려 한다. 이렇게 되면 억지와 사실 간의 차이를 영원히 좁히지 못할 가능성이 높다. 이런 '경험론'에 입각한 인식 방식보다는 현재 접한 사실을 '합리론'에 따라 논리적으로 따져 보고 이해하면 된다. 그런 후에야 비로소 자신의 데이터베이스에 있는 지식과 무엇이 비슷하고 어떻게 다른지를 비교해 보면 좋다. 즉, 새로운 지식이나 상황을 접하면 '선先 합리론 –후後 경험론' 접근법으로 파악하는 것이다. 내가 경험해 보지 못한 것을 학습해야 하는데, 거기에다 경험론을 들이대면 부숴야 할 낡은 집을 그대로 두고 이것저것 꾸미는 꼴이 된다. 경험은 새로운 것을 이해할 때가 아니라 이미 알고 있는 여러 가지를 꾸려 갈 때 유용하다. 경영자 입장일 때는 경험론이 합리론에 우선할 수도 있겠다. 경영에서 만나는 세상일은 합리적이지 않은 관습을 따를 때가 많으니까.

결론적으로, 필자에게 누가 지능지수인 'IQ'를 정의해 보라고 하면 'IQ란 경험해 보지 않은 사실을 알아내는 능력'이라고 말하고 싶다. 수명이 길어지고 있어서 노년층에게도 학습 능력이 중요한 시대다. 처음에 아무리 좋던 기계도 업데이트가 안 되면 금방 고물이 되는, 컴퓨터가 기계의 주종을 이루는 세상이다. 고통스러운 배움의 어려움을 이겨 내고 날마다 새로워지는 현인이 되자.

생각하는
즐거움

초판 1쇄 발행 2015년 03월 05일
개정 1판 1쇄 발행 2019년 04월 20일
개정 1판 2쇄 발행 2024년 04월 05일

지은이 전창훈
발행인 이선애

교 정 박지선
디자인 채민지
일러스트 윤동교
발행처 도서출판 레드우드
출판신고 2014년 07월 10일(제25100-2019-000033호)
주소 서울시 구로구 항동로 72, 하버라인 402동 901호
전화 070-8804-1030 팩스 0504-493-4078
이메일 redwoods88@naver.com
블로그 blog.naver.com/redwoods88

값은 뒤표지에 있습니다.
ISBN 979-11-87705-13-0 03300

ⓒ 전창훈, 2019

+ 저작권법에 의해 한국 내에서 보호를 받는 저작물이므로 무단 전재와 무단 복제를 금합니다.
이 책의 전부 또는 일부를 이용하려면 반드시 저작권자와 도서출판 레드우드의 서면 동의를 받아야 합니다.

+ 당신의 상상이 한 권의 소중한 책이 됩니다.
지혜를 나눌 분은 원고와 아이디어를 redwoods88@naver.com으로 보내 주세요.